29.04.1952 - Sowjetische MiG-15 beschießen bei Könnern (Sachsen-Anhalt) eine DC-4 der Air France, die den Luftkorridor nach Berlin verlassen hat.

16.06.1952 - Der Minister des Innern der DDR, Willi Stoph, befiehlt die Schaffung des Vorläufers der NVA. Die „Kasernierte Volkspolizei" (KVP) unter Generalinspekteur Heinz Hoffmann soll dem Aufbau militärischer Formationen zu Land, zur See und in der Luft dienen.

01.07.1952 - Umbenennung der HVA in KVP sowie Bildung der VP-Luft unter Generalinspekteur der VP Heinz Keßler.

07.08.1952 - Gründung der Gesellschaft für Sport und Technik (GST). Diese übernimmt den Segelflugsport von der FDJ. Die Segelflugzeuge tragen eine schwarz-rot-goldene Flagge am Leitwerk und werden mit DDR-... registriert.

07.10.1952 - Befehl zur Einführung militärischer Dienstgrade in der KVP.

01.10.1952 - Der erste Flugbetrieb zur Pilotenausbildung der VP-Luft beginnt in Cottbus (1. Jagdfliegerregiment), Bautzen (2.) und Kamenz (3.) mit sowjetischen Ausbildungsflugzeugen Jak-18 und Jak-11.

25.09.1952 - In Sysran an der Wolga/ Sowjetunion findet der so genannte Lehrgang X für 271 zukünftige Militärpiloten der DDR statt. Er dauert nur bis Oktober 1953. Eine MiG-15-Ausbildung erfolgt nicht mehr.

Ende 1952 - Der Gesamtbestand der KVP wächst auf über 90 000 Mann, davon sind rund 5 000 bei der VP-Luft.
Die ersten eigenen Maschinen der DDR sind die An-2 '801' und '802', welche bis zum Ende der DDR im Einsatz stehen.

01.01.1953 - Gründung der Aktiengesellschaft Luftag in der Bundesrepublik Deutschland.

12.03.1953 - Durch sowjetische Jagdflugzeuge wird an der Elbe, 120 km tief im Territorium der DDR, eine Avro Lincoln abgeschossen.

März 1953 - Ende März absolviert die möglicherweise einzige NVA-Militärpilotin, Iris Wittig, ihren ersten Flug mit einer MiG-15U. Im August 1954 stürzt sie mit einer Jak-18 ab, und wird dabei schwer verletzt.

April 1953 - Erste MiG-15 werden an die DDR nach Cottbus geliefert.

17.06.1953 - Streik und Umsturzversuch in der DDR, danach werden vorsorglich 106 MiG-15 und neun Jak-11 wieder an die Sowjetunion zurückgegeben.

August 1953 - Schaffung eines Hauptstabes der KVP. Generalleutnant Heinz Hoffmann werden die KVP, VP-See und die VP-Luft unterstellt.

14.09.1953 - Diese Datum gilt für den ersten offiziellen Flugbetrieb der KVP/VP-Luft.

23.09.1953 - Die VP-Luft wird in „Verwaltung der Aeroklubs" (VdAK) umbenannt. Ende 1953 verfügt diese über je 35 Jak-18 und Jak-11, sowie 5 500 Mann.

24.04.1954 - Die UdSSR verkündet die volle Souveränität der DDR.

06.08.1954 - In der Bundesrepublik Deutschland wird die Luftag zur Deutschen Lufhansa AG.

30.11.1954 - Das Gesetz über das Luftfahrt-Bundesamt wird in der Bundesrepublik beschlossen.

Ab 1955 - In Deutschland Ost und West dürfen wieder Motorflugzeuge betrieben werden. Diese werden im Osten Deutschlands nun auch mit DDR-... registriert. Am Leitwerk tragen sie die schwarz-rot-goldene Flagge mit den zusätzlichen Buchstaben 'DDR' darunter.

Januar 1955 - Die UdSSR erklärt den Kriegszustand mit Deutschland für beendet.

01.04.1955 - Innerhalb der Bundesrepublik beginnt die Deutsche Lufthansa AG mit dem Probeflugverkehr.

15.04.1955 - Der „Warschauer Vertrag", ein Verteidigungsbündnis zwischen den sozialistischen Staaten UdSSR, Polen, čSSR, DDR, Bulgarien, Ungarn, Rumänien und Albanien, wird geschlossen.

01.05.1955 - In der DDR wird die Deutsche Lufthansa als Fluggesellschaft gegründet. Sie untersteht dem Ministerium des Innern.

16.09.1955 - Die IL-14 DDR-ABA startet mit einer sowjetischen Besatzung zu ihrem ersten offiziellen Flug. Diese IL-14 war am 01.07.1955 eingetroffen.

10.01.1956 - Das Patentamt der DDR empfiehlt den Direktoren der DDR-Lufthansa in einer mündlichen Aussprache den Namen zu ändern, da die AG der Bundesrepublik Deutschland die älteren Rechte hätte. Diese lehnen jedoch ab.

04.02.1956 - In der DDR nimmt die Deutsche Lufthansa den planmäßigen Luftverkehr auf.

01.03.1956 - Gründung der Nationalen Volksarmee (NVA). Insgesamt stehen rund 100 000 Mann unter Waffen, die bis Juni auf 90 000 reduziert werden. Die Luftstreitkräfte sind mit Jak-18 und Jak-11 ausgerüstet.

01.07.1956 - Die 1. Fliegerdivision, später 1. Jagdfliegerdivision, entsteht aus Einheiten des 1. Aeroklubs der KVP.

05.08.1956 - Erstes Manöver der NVA-Luftstreitkräfte (LSK).

01.09.1956 - Generalmajor Heinz Keßler wird Chef der LSK, ihm unterstehen rund 10 000 Mann.

26.09.1956 - Die 3. Fliegerdivision, später 3. Jagdfliegerdivision, entsteht aus Einheiten des 2. Aeroklubs der KVP. Der Standort ist Drewitz bei Cottbus.

September 1956 - An den LSK-Flugzeugen wird der Rhombus mit Schwarz/Rot/Gold, noch ohne Emblem, angebracht.

1956 - Beginn des Schulbetriebs mit Motorflugzeugen bei der GST. Die Registrierung der motorgetriebenen Flugzeuge wird auf DM-... umgestellt, später auch die der Segelflugzeuge.

(we

Impressum Band IV

Einband: Detlef Billig
umgesetzt von Benedikt Roller

ISBN: 3-613-02374-1

1. Auflage 2004 © by TOM Modellbau
Am Brink 24, 17098 Friedland, Germany
eMail: tom-modellbau@t-online.de

Mit freundlicher Genehmigung von **FLIEGER REVUE**
im Möller Buch und Zeitschriften Verlag KG,
Oraniendamm 48, 13469 Berlin, Germany
eMail: d.billig@fliegerrevue.de

Herausgeber: Detlef Billig
eMail: db-flight@gmx.de

Zeichnungen: Manfred Meyer
eMail: mm@airwings.de

Verlag: TOM Modellbau
Am Brink 24, 17098 Friedland, Germany
eMail: tom-modellbau@t-online.de

Layout und Grafik: Benedikt Roller
(kaemaerach_produktion_2004)

Druckvorstufe/Satz/Gestaltung/:
CROSSMEDIA GmbH
Oraniendamm 48, 13469 Berlin, Germany
eMail: grafik@crossmedia-berlin.de

Druck und Bindung:
Samhwa Printing, Seoul, Korea,
Printed in Korea

Endredaktion: Frauke Hansen

Redaktionsschluss: 31.05.2004

An den Bänden I bis IV haben mitgewirkt:

Gerhard Albold/Sömmerda, Winfried Arz/Jänschwalde-Ost, Georg Bader/Berlin, Frank Banisch/Erding, Detlef Billig/Berlin, Gerhard Blex/Trebbin, Dirk Böttge/Berlin, Hartmut Buch/Berlin, Thomas Bußmann/Cottbus-Döbbrick, Gerd Desens/Nauen, Andreas Dietrich/Kerkwitz, Gerd Fiedler/Jahnsdorf, Erik Fischer/Bernau, Henry Franzkowiak, Jens Fritsche, Jens Gabriel/Jänschwalde, Gerd Gebhardt/Berlin, Dieter Gehling/Stadtlohn, Thomas Girke/Berlin, Werner Globke/Bonn, Dr. Rainer Göpfert/Hannover, Jörg-Uwe Graber/Erfurt, Detlev Grass/Berlin, Tobias Harzdorf/Chemnitz, Steffen Hauck/Drewitz, Wolfgang und Günter Helbig/Gera, Hans-Joachim Henning/Berlin, Thomas Hentschel/Braunschweig, George Heinrich/Bautzen, Jörg Herhold/Doberschütz, Andreas Heyer/Berlin, Horst Hörmann/Strausberg, Lutz Hübner/Chorin, Uli Jeschke/Chorin, Manfred Kanetzki/Karlshagen, Thomas Kärger/Berlin, Bernd Kirchhoff/Strausberg, Thomas Kirchner/Groß Schacksdorf, Reiner Kissel/Hoyaswerda, Klaus-Olaf Kleinhempel/Rostock, Michael Knebel/Berlin, Manfred Kretzschmar/Menorka, Lutz Kobert/Dresden, Frank Köhler/Herzberg, Dr. Peter Korrell/Wolfenbüttel, Sven Jorgas/Berlin, Ralf Kusche/Berlin, Oliver Kuhn/Berlin, Karsten Lappe/Berlin, Gerhard Lang/Filderstadt, Thorsten Langner/Neuenkirchen, Detlef Markmann/Berlin, Horst Materna/Berlin, Roland Melcher/Groß Schacksdorf, Michael Merker/Berlin, Thorsten Meckel/Erfurt, Manfred Meyer/Berlin, Peter Misch/Strausberg, Tony Morris/Bicester Oxon-GB, Holger Müller/Kaulsdorf, Rainer Niedrée/Krefeld, Dr. Stefan Petersen/Husum, Bernhard Pethe/Steinbach, Herbert Probst/Anklam, Peter Ruppel/Berlin, Burkhard Rawolle/Berlin, Horst Rieck/Naunhof, Erwin Ritter/Nüdlingen, Benedikt Roller/Berlin, Jürgen Roske/Tessin, Hans Rost/Bautzen, Gerhard Rothe/Illmersdorf, Jörg Rummich/Berlin, Udo Sadzulewski/Laage, Rainer Schmid/Berlin, Georg Schmidt/Pausin, Steffen Seifert/Berlin, Karl-Dieter Seifert/Berlin, Klaus-Peter Siegel/Jänschwalde-Ost, Manfred Soldan/Erfurt, Ulrich Stulle/Berlin, Dieter Tack/Berlin, Wolfgang Tamme/Dresden, Rüdiger Tietze/Berlin, Dr. Ullrich Unger/Berlin, Detlef Walter/Braunschweig, Stefan Wegert/Berlin, Günter Werner/Lichtenau, Jochen Werner/Radebeul, Jürgen Willisch/Potsdam, German Winzer/Coburg

Foto/Bildnachweis für Band IV (Anzahl):

Archiv **FLIEGER REVUE** (70), Archiv LwMus Gatow (85), Archiv PHuSt (6), Bildarchiv BBF (61), Archiv FPMus Cottbus (2), Sammlung Arz (2), Ahlbold (39), Bader (18), Sammlung Billig (8), Böttge (1), Buch (2), Sammlung Gabriel (2), Gelfert (4), Girke (3), Sammlung Göpfert (1), Göhler (3), Grass (24), Sammlung Grass (15),Gründer (2), Sammlung Harzdorf (9), Harzdorf (2), Henoch (6), Heinrich (18), Hörmann (1), Jerchel (1), Sammlung Kirchner (2), Kissel (13), Sammlung Knebel (2), Sammlung Kobert (3), Kobert (1), Kretzschmar (82), Sammlung Lemke (6), Sammlung Materna (12), Sammlung Meckel (7), Melcher (1), Sammlung Melcher (6), Sammlung Meyer (9), Mührel (3), Dr. Petersen (28), Ruppel (1), Sammlung Rummich (6), Rusch (1), Soldan (3), Sammlung Tack (20), Sammlung Tamme (9), Sammlung Unger (5), Unger (2), Walther (48), G. Werner (7), Sammlung J. Werner (3), Luftfahrtarchiv Winkler (2)

Die Bildautoren der Archivfotos in allen Bänden sind u.a.:

Bergt, Busch, Bredow, Brückner, Ende, Fröbus, Geißler, Gebauer, Gründer, Heilmann, Kiesling, Kopenhagen, Michna, Noppens, Rohls, Settnik, Schmidt, Stuck, Schirmer, Tessmer, Thieme, Uhlenhut, Wehlisch, Wicker, Willmann, Wolmirstedt, Zühlsdorf, Ziehbarth. Sollten nicht in allen Fällen die Rechteinhaber ermittelt worden sein, bitten wir um Mitteilung.

Rücktitel:

Hier die korrekte Farbgebung der Aero 45S, wie sie die Flugzeugwerke Dresden als DM-ZZE flogen. In Band I auf Seite 115 ist diese Maschine fälschlicherweise mit blauem Zierstreifen dargestellt.

Nachdruck, auch einzelner Teile, ist verboten. Alle Rechte, auch diejenigen der Übersetzung, der fotomechanischen Wiedergabe und des auszugsweisen Abdrucks, vorbehalten. Übernahme auf elektronische Datenträger wie CD-Rom, DVD, Bildplatte u.ä. sowie Einspeisung in elektronische Medien, wie Bildschirmtext, Internet usw. ist ohne vorherige schriftliche Genehmigung des Verlages unzulässig.

Flugzeuge der DDR

**Detlef Billig
Manfred Meyer**

1952 bis 1990
Fotos und Dokumente

Vorwort

Mit diesem Band ist das Standardwerk über die DDR-Flugzeuge zunächst komplett.

Er rundet die erste geschlossene Dokumentation über die Luftfahrzeuge der DDR in bewährter Art und Qualität ab. Allerdings steht eine vollständige Darstellung von Hintergründen und geschichtlichen Zusammenhängen nebst ihrer Bewertung noch aus. Herausgeber und Verleger denken deshalb daran, dies in Folgewerken aufzuarbeiten.

Zum ersten Mal überhaupt gibt es in diesem Band IV eine zusammengefasste Übersicht der zivilen und militärischen Luftfahrzeugbestände der DDR kurz vor ihrem Ende.

Anhand der hier gezeigten Dokumente, Übersichten und einem bisher unerreichten Anteil rarer Fotos aus privaten oder bisher verschlossenen Quellen wird dem Interessierten die Epoche der DDR-Luftfahrt besonders nahe gebracht.

Viele der hier veröffentlichten 684 Fotos entstanden unter teilweise abenteuerlichen Bedingungen und sind erst vor kurzem wieder aufgetaucht. Deren Qualität ist zwar manchmal nicht die beste, dafür sind es aber Geschichtsdokumente. Eingeweihte wissen, dass nicht nur bei den Luftstreitkräften der NVA ein strenges Fotografierverbot galt und Zensurbehörden über Fotoveröffentlichung oder Darstellungsformen (vgl. Seite 62) entschieden. Die in dieser Buchreihe gezeigten Unfallfotos sowie die Innenaufnahmen der Regierungsmaschine Walther Ulbrichts gelangten vorher beispielsweise noch nie an die Öffentlichkeit.

Insofern ganz herzlichen Dank an alle, die Informationen, Kritiken, Schriftstücke und Bildmaterial beigesteuert haben. So ist es jetzt auch möglich, einige Fragen, die sich in den Bänden I bis III gestellt haben, zu beantworten. Das dieser Ausgabe beiliegende Lesezeichen informiert nicht nur über die Typenzuordnung auf die anderen Bände, sondern dient auch als Verzeichnis für alle verwendeten Abkürzungen.

Um die damalige Situation und die Chronologie der Ereignisse besser einordnen zu können, findet sich auf den inneren Umschlagseiten wieder die Zeittafel/Chronik.

An dieser Stelle sei noch einmal angemerkt, dass jegliche Hinweise oder Kritiken willkommen sind. Auch ist jedes noch so schlecht erscheinende Foto besonders aus der Anfangszeit der DDR-Fliegerei interessant. Auf diese Weise wird es gelingen, bei Nachauflage dieser Bände die Geschichte der DDR-Flugzeuge aus all den vielen Puzzlestücken detailliert und komplett darstellen zu können.

Für ihre Bilddokumente nebst den dazugehörigen Informationen zu interessanten Randepisoden oder ihrer sonstigen Hilfe gilt besonderer Dank diesmal dem Hubschrauberexperten „Manne" Kretzschmar, dem „Listenhai" Tobias Harzdorf, dem Fotografen Detlev Grass, dem Dokumentaristen sowie Sportflieger Gerhard Ahlbold, und nicht zuletzt einem alten Freund aus Modellbautagen, Detlef Walter.

Das Layout, sowie die grafische Aufbereitung aller Bilder und elektronischen Daten erledigte wie immer Benedikt Roller. Für die textliche Endredaktion, nebst ihrer unendlichen Geduld, möchte ich mich bei Frauke Hansen bedanken.

Die vielen anderen, die diese Buchreihe unterstützt haben, aber im Impressum nicht namentlich genannt sind, sollen an dieser Stelle nicht vergessen werden, darum nochmals Dank an alle Beteiligten und viel Freude beim Lesen und Nachschlagen, nicht nur in diesem Band
wünscht

Detlef Billig, Herausgeber
Berlin, im Mai 2004

Inhaltsverzeichnis

4	**Vorwort**
6 - 7	**Übersicht – die DDR-Zivilflugzeuge**
8 - 21	**Segelflugzeuge** Von den Anfängen bis 1990
22 - 43	**Mehrzweckflugzeuge** Band I: Po-2, An-2, L-60 Band II: An-14 Band III: PZL-104 Wilga 35A
44 - 51	**Arbeitsflugzeuge** Band II: Let Z-37 Čmelak Band III: PZL M-18A Dromader, PZL-106A/AR/BR Kruk
52 - 79	**Jagdflugzeuge** Band I: MiG-15/UTI, MiG-17F/PF, MiG-19S/PM, MiG-21F-13/U Band II: MiG-21PF/PFM/SPS Band III: MiG-21M/MF/UM/bis MiG-29A/UB
80 - 91	**Trainer** Band I: Jak-18/-18U, Jak-11 Band II: Jak-18A, L-29 Band III: L-39, Z-42/MU/M
92 - 106	**Sport- und Reiseflugzeuge** Band I: M-1D Sokol, L-40, Z-126, -226, Super Aero 45, L-200, FSS-100 Band II: Z-326/-326A, Z-526A, Z-526AFS/Z-526F Band III: Z-43, Jak-50, Z-50LS
107 - 109	**Flugregime im Hoheitsgebiet der DDR**
110 - 119	**Mehrzweckkampfflugzeuge** Band I: IL-28, Band III: MiG-23MF/ML/BN/UB
120 - 127	**Jagdbomber** Band I: MiG-17F Band III: Su-22M-4 /-22UM-3K
128 - 161	**Transport- und Verkehrsflugzeuge** Band I: IL-14P, 152, IL-18, Band II: An-24, IL-62, Tu-124, Tu-134 Band III: An-26, Let L-410 UVP, Tu-154M, A310-304
162 - 189	**Hubschrauber** Band I: Mi-4, Mi-1/SM-1 Band II: Ka-26, Mi-8T/Mi-9 Band III: Mi-2, Mi-24, Mi-14
190 - 191	**Übersicht – die Militärflugzeuge der DDR**

Übersicht – die DDR-Zivilflugzeuge
Stand: Juli 1990

Im Luftfahrzeugregister der DDR eingetragene Motorluftfahrzeuge und Zusammenstellung der in der DDR zugelassene Luftfahrzeuge und Geräte auf dem Gebiet der Segelflugtechnik. Das Originaldokument - hier überarbeitet und ergänzt - diente zur Klassifizierung und Einordnung der Flugzeuge in das Luftrecht der Bundesrepublik.

Typ	Art der Luftfahrzeuge	Anz. und Art der TW	Verwendungszweck bisherige Eintragung	Anzahl	Hersteller	Lufttüchtigkeitsgruppe	Vorschlag Verwendungszweck
IL-18	Verkehrsflugzeug	4 PTL	Personen- und Frachtbeförderung	7	UdSSR	Verkehrsflugzeug	Personenbeförderung 1
IL-18	Verkehrsflugzeug	4 PTL	Messflugzeug	1	UdSSR	Verkehrsflugzeug	Luftarbeit
IL-62M	Verkehrsflugzeug	4 TL	Personen- und Frachtbeförderung	11	UdSSR	Verkehrsflugzeug	Personenbeförderung 1
IL-62M	Verkehrsflugzeug	4 TL	Personen- und Frachtbeförderung (Reg.-Staffel)	3	UdSSR	Verkehrsflugzeug	Personenbeförderung 1
Tu-134A	Verkehrsflugzeug	2 TL	Personen- und Frachtbeförderung	19	UdSSR	Verkehrsflugzeug	Personenbeförderung 1
Tu-134A	Verkehrsflugzeug	2 TL	Personen- und Frachtbeförderung (Reg.-Staffel)	9	UdSSR	Verkehrsflugzeug	Personenbeförderung 1
Tu-154M	Verkehrsflugzeug	3 TL	Personen- und Frachtbeförderung (Reg.-Staffel)	2	UdSSR	Verkehrsflugzeug	Personenbeförderung 1
A 310-304	Verkehrsflugzeug	2 TL	Personen- und Frachtbeförderung	3	Airbus Industrie	Verkehrsflugzeug	Personenbeförderung 1
L-410UVP	Verkehrsflugzeug	2 PTL	Arbeitsflug und Spezial	6	Let Kunovice/CSFR	Verkehrsflugzeug	Personenbeförderung 1, Arbeitsflug
Z 37A	Agrarflugzeug	1 KTW	Landwirtschaftsflugzeug	113	Let Kunovice/CSFR	Normalflugzeug	Luftarbeit
Z 37-2	2sitziges Schulflugzeug	1 KTW	Schulflugzeug	12	Let Kunovice/CSFR	Normalflugzeug	nichtgewerblicher Verkehr
PZL-106A	Agrarflugzeug	1 KTW	Landwirtschaftsflugzeug	54	Polen	Normalflugzeug	Luftarbeit
PZL-106As	Agrarflugzeug	1 KTW	Schulflugzeug	1	Polen	Normalflugzeug	nichtgewerblicher Verkehr
PZL-106BR	Agrarflugzeug	1 KTW	Landwirtschaftsflugzeug	44	PZL Warschau/Polen	Normalflugzeug	Luftarbeit
PZL-106BRs	Agrarflugzeug	1 KTW	Schulflugzeug	1	PZL Warschau/Polen	Normalflugzeug	nichtgewerblicher Verkehr
M-18A	Agrarflugzeug	1 KTW	Landwirtschaftsflugzeug	55	WSK-Mielec Polen	Normalflugzeug	Luftarbeit
M-18As	Agrarflugzeug	1 KTW	Schulflugzeug	1	WSK-Mielec Polen	Normalflugzeug	nichtgewerblicher Verkehr
An-2	Mehrzweckflugzeug	1 KTW	Mehrzweckeinsatz	10	UdSSR und	Normalflugzeug	nichtgewerblicher Verkehr
An-2	Mehrzweckflugzeug	1 KTW	Spezialflug	3	WSK-Mielec/Polen	Normalflugzeug	Luftarbeit
An-2	Mehrzweckflugzeug	1 KTW	Sportflugzeug gem. Betriebsdokumentation	13	(PZL, Polen)	Normalflugzeug	nichtgewerblicher Verkehr
Mooney M20K (#)	Reiseflugzeug	1 KTW	nichtgewerblicher Verkehr	1	Mooney Aircraft Corp.	Normalflugzeug	nichtgewerblicher Verkehr
Mi-8	Hubschrauber	2 Turbinen-TW	Spezialflug	7	UdSSR	Normalhubschrauber	nichtgewerblicher Verkehr, Luftarbeit
Mi-2	Hubschrauber	2 Turbinen-TW	Spezialflug	6	Polen	Normalhubschrauber	nichtgewerblicher Verkehr
Ka-26D	Hubschrauber	2 KTW	Landwirtschafts- und Spezialflug (davon drei VP)	23	UdSSR	Normalhubschrauber	nichtgewerblicher Verkehr
			Zwischensumme Interflug, VP	**405**			
Z-226 Trener	Sportflugzeug	1 KTW	Sportflug unter eingeschränkten Betriebsbedingungen	1	CSFR	Nutzflugzeug	nichtgewerblicher Verkehr, Luftarbeit
Z-526F	Sportflugzeug	1 KTW	Sportflugzeug gem. Betriebsdokumentation	1	CSFR	Kunstflugzeug	nichtgewerblicher Verkehr
Z-526AFS	Sportflugzeug	1 KTW	Sportflugzeug gem. Betriebsdokumentation	3	CSFR	Kunstflugzeug	nichtgewerblicher Verkehr
PZL-104 "Wilga 35"	Sportflugzeug	1 KTW	Sportflugzeug gem. Betriebsdokumentation	68	Polen	Normalflugzeug	nichtgewerblicher Verkehr, Luftarbeit
Z-42MU	Sportflugzeug	1 KTW	Sportflugzeug gem. Betriebsdokumentation	34	CSFR	Nutzflugzeug	nichtgewerblicher Verkehr, Luftarbeit
Z-42M	Sportflugzeug	1 KTW	Sportflugzeug gem. Betriebsdokumentation	23	CSFR	Nutzflugzeug	nichtgewerblicher Verkehr, Luftarbeit
Z-43	Sportflugzeug	1 KTW	Sportflugzeug gem. Betriebsdokumentation	8	CSFR	Nutzflugzeug	nichtgewerblicher Verkehr, Luftarbeit
Z-50L	Sportflugzeug	1 KTW	Sportflugzeug gem. Betriebsdokumentation	2	CSFR	Kunstflugzeug	nichtgewerblicher Verkehr
Jak-50	Sportflugzeug	1 KTW	Sportflugzeug gem. Betriebsdokumentation	2	UdSSR	Kunstflugzeug	nichtgewerblicher Verkehr
SZD-45A Ogar	Motorsegler	1 KTW	Sportflugzeug gem. Betriebsdokumentation	13	Polen	Motorsegler	nichtgewerblicher Verkehr
			Zwischensumme Motorflugzeuge GST	**155**			
L-13 "Blanik"	Segelflugzeug		Sportflugzeug gem. Betriebsdokumentation	3	CSFR	Segelflugzeug	nichtgewerblicher Verkehr
Lom 58 "Libelle"	Segelflugzeug		Sportflugzeug gem. Betriebsdokumentation	2	DDR	Segelflugzeug	nichtgewerblicher Verkehr
SZD 9bis-1E "Bocian"	Segelflugzeug		Sportflugzeug gem. Betriebsdokumentation	140	Polen	Segelflugzeug	nichtgewerblicher Verkehr
SZD 30 "Pirat"	Segelflugzeug		Sportflugzeug gem. Betriebsdokumentation	180	Polen	Segelflugzeug	nichtgewerblicher Verkehr
SZD 30C "Pirat"	Segelflugzeug		Sportflugzeug gem. Betriebsdokumentation	2	Polen	Segelflugzeug	nichtgewerblicher Verkehr
SZD 24C + 32 "Foka 4 + 5"	Segelflugzeug		Sportflugzeug gem. Betriebsdokumentation	42	Polen	Segelflugzeug	nichtgewerblicher Verkehr
SZD 36A "Cobra 15"	Segelflugzeug		Sportflugzeug gem. Betriebsdokumentation	11	Polen	Segelflugzeug	nichtgewerblicher Verkehr
SZD 38A "Jantar-1"	Segelflugzeug		Sportflugzeug gem. Betriebsdokumentation	5	Polen	Segelflugzeug	nichtgewerblicher Verkehr
SZD 41A "Jantar-Standard"	Segelflugzeug		Sportflugzeug gem. Betriebsdokumentation	10	Polen	Segelflugzeug	nichtgewerblicher Verkehr
SZD 42-2 "Jantar-2B"	Segelflugzeug		Sportflugzeug gem. Betriebsdokumentation	5	Polen	Segelflugzeug	nichtgewerblicher Verkehr
SZD 48-1 / 48-3 "Jantar-Std2 /3"	Segelflugzeug		Sportflugzeug gem. Betriebsdokumentation	9	Polen	Segelflugzeug	nichtgewerblicher Verkehr
			im Original hier nochmals Ogar als Segelflugzeug erfaßt - siehe weiter oben -				
SZD 50-3 "Puchacz"	Segelflugzeug		Sportflugzeug gem. Betriebsdokumentation	60	Polen	Segelflugzeug	nichtgewerblicher Verkehr
SZD 51-1 "Junior"	Segelflugzeug		Sportflugzeug gem. Betriebsdokumentation	8	Polen	Segelflugzeug	nichtgewerblicher Verkehr
SG-38 Schulgleiter	Segelflugzeug		Sportflugzeug gem. Betriebsdokumentation	2	DDR	Segelflugzeug	nichtgewerblicher Verkehr
Lom 61 "Favorit"	Segelflugzeug		Sportflugzeug gem. Betriebsdokumentation	2	DDR	Segelflugzeug	nichtgewerblicher Verkehr
			Zwischensumme Segelflugzeuge GST	**481**			
Herkules 3	Segelflugzeugschleppwinde			ca. 60	CSFR		
Herkules 4	Segelflugzeugschleppwinde			40	CSFR		
Summe			**Zivilflugzeuge der DDR - gesamt** (mit #):	**1041**			

Bemerkungen

SLI BB-114-1/86, 23. Mai 1986
1) gem. § 8 der Anordnung über die Prüfung von Luftfahrtgerät - Prüf- und Zulassungsverordnung - vom 24. Oktober 1963
2) gem. § 12 der Anordnung über die Prüfung von Luftfahrtgerät - Prüf- und Zulassungsverordnung - vom 31. Oktober 1986
3) Sondergenehmigung auf Grundlage bestätigter Herstellerdokumentation.

Angaben über Massen, Triebwerk- und Luftschraubentypen sowie Lärmdaten siehe Liste vom 30. Mai 1990 - SLI FT/60/90

Legende

FZ	Freigabezeugnis	MP	Musterprüfung
FB	Freigabebescheinigung	HZ	Herstellerzertifikat
UB	Unbedenklichkeitsbescheinigung	CAR	Civil Airworthiness Requirements
PB	Prüfbericht	Reg.-Staffel	NVA-Flugzeuge der Regierungsstaffel

© db-flight@gmx.de

Zeugniskategorie	Zeugnis-Nr. und Datum	Bemerkungen	Lufttüchtigkeitsvorschrift	Erstzulassung in der DDR	handschriftliche Bemerkungen im Originaldokument
Standardklasse	§ 8 ZPO	1)	UdSSR - nicht veröffentlicht	1960	
Sonderklasse	§ 8 ZPO	1)	UdSSR - nicht veröffentlicht	1960	
Standardklasse	§ 8 ZPO	1)	NLGS	1970/80	
Standardklasse	§ 8 ZPO	1)	NLGS	1970/80	
Standardklasse	§ 8 ZPO	1)	NLGS	1968/73	
Standardklasse	§ 8 ZPO	1)	NLGS	1968/73	
Standardklasse	FZ Nr. SLI 01/89 v. 25.Mai 1989		NLGS	1989	
Standardklasse	FZ Nr. SLI 02/89 v. 30.Juni 1989		FAR 25	1989	Kennbl.-Nr. 2830 8 (5/89)
Standardklasse	FZ Nr. vom 18.April 1983		NLGS-2	1983	2067 im MZV
Standardklasse	§ 8 ZPO	1)	BCAR Teil K	1967	wird zukünftig in der BRD unter 1093 geführt
Standardklasse	§ 8 ZPO	1)	BCAR Teil K	1968	
Standardklasse	FB vom 29. August 1979	#	BCAR Teil K	1979	zukünftig in der BRD unter 2074
Standardklasse		3)	BCAR Teil K	1983	
Standardklasse	SLI BB-142-1/88 v. 15. Dezember 1988		BCAR Teil K	1988	
Standardklasse		3)	BCAR Teil K	1988	
Standardklasse	SLI BB-120-1/85 v. 01. August 1985		FAR-23	1985	
Standardklasse		3)	FAR-23	1989	
Standardklasse	§ 8 ZPO	1)	UdSSR - nicht veröffentlicht	1956	2069 im MZV
Standardklasse	§ 8 ZPO	1)	UdSSR - nicht veröffentlicht	1956	
Standardklasse	§ 8 ZPO	1)	UdSSR - nicht veröffentlicht	1956	
Standardklasse	Gerätekennblatt Nr. 555		FAR-23	1990	Kennbl.-Nr. 555, 17(2/85)
Sonderklasse	§ 8 ZPO	1)	UdSSR - nicht veröffentlicht	1967	
Sonderklasse	§ 8 ZPO	1)	UdSSR - nicht veröffentlicht	1974	
Sonderklasse	§ 8 ZPO	1)	UdSSR - nicht veröffentlicht	1970	Kennbl.-Nr. 3038 1 (2/72)
beschränkte Sonderklasse	FP der MP v. 25.3. 1960		BVF (1936)	1959	Kennbl.-Nr. 578 2 (11/62)
Standardklasse	§ 8 ZPO, HZ v. 9.4. 1970		FAR-23	1970	Kennbl.-Nr. 683 3 (8/88)
Standardklasse	§ 8 ZPO, FB v. 1.4. 1972		FAR-23	1972	
Standardklasse	§ 8 ZPO, FB v. 24.8. 1971		BCAR Teil K	1971	Kennbl.-Nr. 745 2 (12/80)
Standardklasse	§ 8 ZPO, FB v. 14.4. 1974		FAR-23	1974 (Umbau aus Z-42)	wird zukünftig in der BRD unter 1092 geführt
Standardklasse	§ 8 ZPO, FB v. 15.9. 1975		FAR-23	1975	
Standardklasse	§ 8 ZPO, FB v. 14.6. 1974		FAR-23	1974	Kennbl.-Nr. 1046
Standardklasse	§ 8 ZPO, FB v. 1.2. 1989		FAR-23	1989	Im MZV 1062
Standardklasse	§ 8 ZPO, FB v. 15.1. 1979		UdSSR - nicht veröffentlicht	1978	
Standardklasse	§ 8 ZPO, FB v. 13.5. 1976		LBA-Mitteilung Nr. 10.05	1976	Kennbl.-Nr. 800 1 (11/76)
Standardklasse	Mai 59		BVS; BCAR	1959	Kennbl.-Nr. 247 8 (11/76)
Standardklasse	1958		BVS 1936	1958	hier nur Lom 57 "Libelle" unter Kennbl.-Nr. 228
Standardklasse	1960		Polish CAR 1959	1960	Kennbl.-Nr. 225
Standardklasse	30.08.1967		Polish CAR 1964	1967	Kennbl.-Nr. 273
Standardklasse	28.09.1978		Polish CAR 1964	1978	
Standardklasse	18.11.1966		Polish CAR 1964	1966	Kennbl.-Nr. 255
Standardklasse	28.12.1971		Polish CAR 1964	1971	Kennbl.-Nr. 292
Standardklasse	14.05.1974		Polish CAR 1964	1974	
Standardklasse	10.12.1975		Polish CAR 1964	1975	Kennbl.-Nr. 331
Standardklasse	17.05.1977		Polish CAR 1964	1977	Kennbl.-Nr. 341
Standardklasse	17.05.1979		Polish CAR 1964	1979	Kennbl.-Nr. 340
Standardklasse	24.08.1983		JAR-22	1983	Kennbl.-Nr. 342
Standardklasse	14.04.1987		JAR-22	1987	Kennbl.-Nr. 04 367
Standardklasse	1952		BVS 1934	1952	Kennbl.-Nr. 14
Standardklasse	1962		BVS 1934	1962	

1958 Typenzeugnis
1986 vereinfachte Musterprüfung

Diese Übersicht enthält i. d. R. flugfähige Luftfahrzeuge. Für einige weitere Maschinen sind zu diesem Zeitpunkt noch ihre Kennzeichen aktiv. Dies betrifft z. B. zwei L-200, drei Z-526AFS und fünf zivil registrierte An-26.

Segelflugzeuge

Bereits nach der Leipziger Frühjahrsmesse 1960 übernahm die Gesellschaft für Sport und Technik (GST) der DDR den dort als OK-0901 ausgestellten Typ L-13 Blanik. Das wegen seiner Ganzmetallbauweise „Blechnik" genannte und inzwischen legendäre tschechische Segelflugzeug erhielt damals die Kennung DM-3208. Es hatte blaue Streifen auf dem metallisch blanken Rumpf sowie Zierstreifen an den Rudern. Kurze Zeit später erhielt das Flugzeug eine leuchtendrote Nase, wie auf dem linken Farbfoto zu sehen. Hier wird es im Juli 1961 in Schönhagen für Gerhard Wissmann und Klaus König zu einem Strecken-Rekordversuch zum Flugplatz Magdeburg verlegt. Die „1" der vorherigen Kennung ist übrigens noch gut zu sehen. Die Zeichnung oben zeigt eine spätere Bemalung des Flugzeuges, welches heute in Roitzschjora als D-9208 fliegt. Das Foto der D-3200 darunter ist die ehemalige DM-/DDR-3201 - eine von zwei weiteren Flugzeugen, welche die DDR im Jahre 1978 hinzu kaufte. Dazu gehörte auch die Ex-DM-/DDR-3202, heute D-3203 "Silberpfeil". Übrigens gibt es derzeit nicht nur die drei Genannten in der Bundesrepublik. Eine Reihe von westdeutschen Flugsportlern hatte schon vor der Wende die Vorzüge dieses „Ost-Segelflugzeuges" erkannt und nutzt diese Maschinen ebenfalls noch heute. Der Leistungsdoppelsitzer für das Training von Wettkampfpiloten in der GST wurde allerdings in den frühen 60er-Jahren die polnische SZD-9 Bocian in ihren ersten Varianten. Später entwickelte man in Polen dann die Schuldoppelsitzerreihe SZD-9bis Bocian1E. Diese Maschinen (beide Fotos unten) ersetzten in großen Stückzahlen die dann abgeschriebenen Segelflugzeuge des Typs FES 530 aus den Zeiten der DDR-Flugzeugproduktion.

GST-Flugbetrieb 1980: Während ein Bocian per Winde startet, wird die SZD-32A Foka 5 mit der Kennung DM-2252 zum Windenstart vorbereitet. Die Maschine mit der Werk-Nr. W513 kam 1971 zur GST und fliegt heute als D-2257. Die unten gezeigte DM-2227 fliegt heute als D-2271, und die Maschine links wird so in Suhl-Goldlauter aufbewahrt.

Segelflugzeuge

Motorsegler hat es in der DDR bis auf die drei Landmann-Versuchsmuster zunächst nicht gegeben. Die drei Fotos oben zeigen den ersten Eigenstart der La-16 V2 Heidelerche in Riesa-Canitz mit Testpilot Wolf. Der Letztgenannte steht an der Maschine mit Prof. Landmann (Person mit Bakenmütze) und dem Testpiloten Weber. 1971 steht hier der einzige Motorsegler Landmann La-16 V2 Heidelerche in der Werkstatt der Flugsportschule Schönhagen, rechts die V1 Lerche.

Darunter ist die nicht eigenstartfähige La-17 beim Erprobungsflugbetrieb der Fakultät für Luftfahrtwesen auf dem Flugplatz Riesa-Canitz vor 1962 mit dem Piloten Zindel (?) zu sehen. Dieser F-Schlepp-Start musste wegen Stabilitätsproblemen in geringer Höhe abgebrochen werden. Die GST schaffte dann 1976 insgesamt 14 Motorsegler des Typs SZD-45A Ogar (Windhund) an. Eingesetzt wurde der mit einem starren Druckpropeller und Limbach-Motor ausgestattete Ogar in der GST nur auf einigen ausgesuchten Flugplätzen, jedoch kaum zur fliegerischen Grundausbildung, sondern eher zu Überprüfungsflügen und Streckeneinweisungen.

Die Lo-Meise rechts DM-2222 der Canitzer Segelflieger ist in einer attraktiven blauen Farbe gehalten. Im Hintergrund ein Baby IIb und ein FES-530/II Lehrmeister. Mitte: Die Meise DM-2056 wird zum Start vorbereitet. Die Meise war in den 60-70er Jahren ein gern genutztes Leistungsflugzeug mit angenehmen Flugeigenschaften. Die gezeigte Maschine mit der Werk-Nr. 0056 war von 1956 bis 1977 in GST-Diensten.

Der GST-Flugbetrieb wurde straff und in militärischer Art organisiert. Im unteren Bild aus dem Jahr 1983/84 ist ein Lehrgang zur Ausbildung von zukünftigen Flugzeugführern auf dem Flugplatz in Zwickau zur Entgegennahme der Aufgabenstellung (heute Briefing) angetreten. Interessant ist, dass der SLI-Fluginspekteur Joachim Bauch (Bildmitte) aus Anlass einer sogenannten Flugbetriebskontrolle persönlich daran teilnimmt. Die SLI führte, meist unangekündigt, mehrmals jährlich derartige Kontrollen durch, um Mängel in Flugvorbereitung und -durchführung prophylaktisch aufzuzeigen und dadurch die Flugsicherheit zu erhöhen.

Segelflugzeuge II

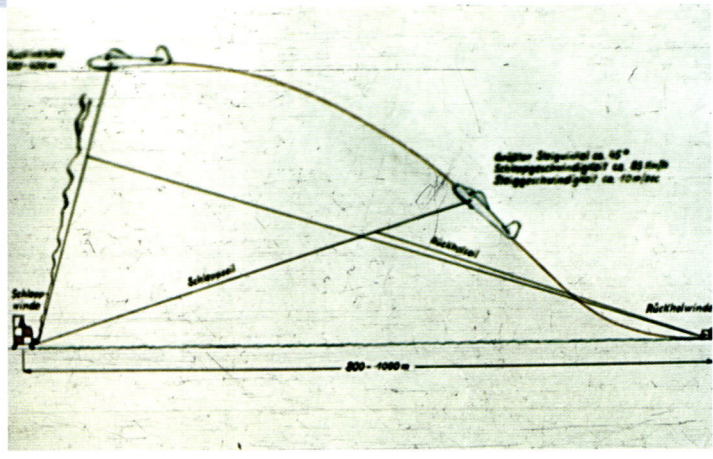

Grafische Darstellung eines Startablaufes mit einem Segelflugzeug an der Winde. Dargestellt ist die Startphase mit dem Startablauf, Steigflug mit den verschiedenen Anstellwinkeln sowie das Ausklinken des Schleppseiles.

Schulsegelflugzeug aus DDR-Produktion des VEB Apparatebau Lommatzsch: Der FES-530 Lehrmeister, hier noch in der abgestrebten 17-Meter-Variante und alter Ausführung des Staurohrs außen am Bug

Übungssegelflugzeug Baby IIb im Flug und am Boden. In der hier gezeigten alten Ausführung für die Schulterfesselung wurde das Gabel-Schleppseil, mit seinen jeweiligen Aufnahmehaken, links und rechts in die Kupplungen eingerastet. Mit der Schulterfesselung ließen sich beim Windenstart jedoch gegenüber der Kielfesselung 30-40 Meter mehr Schlepphöhe erreichen. Wenn die Schlepphaken oder die Kupplungen etwas verbraucht waren und ein Seilteil selbstständig aus der Kupplung fiel, führte das zum Schiebeflug. Ungeübte Piloten hatten dann Probleme, das Schleppseil ganz auszuklinken, weil sich der noch vorhandene Schlepphaken in der Kupplung verkantete. Deshalb erfanden findige Köpfe eine elektrische Signalisation als Sicherheitseinrichtung bei den Flugzeugen mit Schulterfesselung: Im Flugzeug befand sich eine Batterie als Stromquelle, und Kabel verbanden die Bauelemente der Schulterkupplungen. Bei ordnungsgemäß eingeklinktem Schleppseil war der Stromkreis geschlossen. Das wurde durch zwei Signallampen – Bild oben – am Instrumentenbrett signalisiert.

Mit dem Schulgleiter SG-38 begann die Sportfliegerei in der DDR. Auf dem hier gezeigten sogenannten Pendelbock wurde die Steuertechnik mit dem Quer-, Höhen- und Seitenruder am Boden trainiert. Mit diesem Hilfsmittel konnte dem Flugschüler die Wirkung der Ruder am Flugzeug wirklichkeitsnah vermittelt werden. Links unten führt ein Helfer das Schleppseil kurz vor dem Start in die Schleppkupplung ein. Beim Foto oben links handelt es sich allerdings um einen der beiden erst 1989 in Schönhagen fertiggestellten Neubauten des SG-38. Beide fliegen noch heute unter der Registrierung D-5550 bzw. D-1551.

Oben ist ein Schuldoppelsitzer LF-109 Pionýr aus tschechischer Produktion in Farbe (allerdings in schlechter Qualität) mit ausgefahrenen Brems- oder Störklappen zu sehen. Die 3007 (darunter) wurde 1958 auf dem Fluggelände in Niederlehme fotografiert. Im übrigen gibt es in der Segelflugzeug-Liste unter dem Kennzeichen DDR-3014 noch einen weitren Pionýr nachzutragen. Er flog in Kamenz beim ASK/ASV.

Segelflugzeuge 13

Links eine interessante Aufnahmen vom Fluggelände Niederlehme: Das Segelflugzeug FES-530 Lehrmeister Werk-Nr. 0100, hier 1958 noch mit dem Landeskenner DDR unter der Tragfläche, am Rumpf aber bereits mit DM-3100 gekennzeichnet.

oben: Der Segelflugzeugführer legt gerade seinen Rettungsfallschirm an, im Hintergrund ein Baby IIb. Ein solches kurz vor dem aufsetzen über dem Lande-T, links das Baby mit der Kennung DM-1685.

Das Segelflugzeug DDR-2016 war eine Meise wie die untere Maschine und entstand im Eigenbau beim Aeroklub der SDAG Wismut. Es erhielt später den Namen „Sepp Wenig".

14   Segelflugzeuge

Segelflugzeug Lom 58 II Libelle Laminar mit der Kennung DM-2658 im Jahr 1971 auf dem Flugplatz Erfurt-Nord. Der VEB Apparatebau Lommatzsch hatte in den Anfangsjahren der GST deren Bedürfnisse nach Ausbildungsflugzeugen sehr gut abgedeckt. Fehlendes internationales Renommee und der verpasste Anschluss an den GFK-Flugzeugbau ließ auch diesem Luftfahrtzweig bei der generellen Einstellung des DDR-Flugzeugbaus keine Chance. Beim Foto der 2503 (unten) wurden Hammer, Zirkel, Ährenkranz in die Landesfahne hinein retuschiert, da diese Vorserien-Libelle schon 1958 produziert wurde und damals noch ohne Emblem flog. Der Rumpf dieser links gezeigten Libelle-Standard DDR-2598 wird noch heute in Suhl-Goldlauter aufbewahrt.

Die DM-2701, eine Lom 61 Favorit V2 mit der Werk-Nr. 0701, ist eine besondere Maschine, denn sie wurde mit einem vergrößerten Seitenruder, Foka-Instrumentenbrett, Foka-Kabinenverglasung und einem neuen tiefgezogenen Kabinenvorderteil ausgerüstet. Unten ist sie 1974 beim DDR-offenen Wettkampf in Friedersdorf als Maschine der Erfurter Mannschaft zu sehen.

Segelflugzeuge

Die SZD-8bis Jaskolka mit dem Kennzeichen DM-2027 ist auf diesem Foto in Riesa-Canitz nach ihrer Grundüberholung und Neulackierung in den Farben weiß und blau zu sehen – im Cockpit Werner Heeg. Die DM-2024 (links) steht hier im September 1965 an der Startstelle des Flugplatzes Karl-Marx-Stadt. Letztere Jaskolka flog bis zum Jahre 1971. Das Farbfoto vor der Flugzeughalle der GST-Flieger der TH-Dresden zeigt die Lom 58/I Libelle-Standart DM-2540. Die 2668 ist eine Libelle-Laminar und befindet sich heute im Museum auf der Wasserkuppe. Darunter ein Foto des SZD-9bis Bocian 1C in Bautzen-Klix. Ebenfalls in weiß, denn man hatte noch größere Mengen dieses eigentlich für die Serienfertigung des Favorit hergestellten Lackes organisieren können... Die DM-2032 ist eine SZD-12 Mucha 100 – ein ebenfalls sehr seltenes Foto. Alle Maschinen gehörten zur Dresdener GST-Sektion der TH- später TU-Dresden und führten als Maskottchen oft „Hans Huckebein" – vgl. dazu auch Seite 20. Allerdings war die „Obrigkeit", sprich der GST-Bezirksvorstand nicht dafür. Deshalb hatte man Rudi Daum, Leiter der Abteilung Flugsport beim Bezirksvorstand überzeugt, an seiner Lieblingsmaschine DM-2540 dieses Maskottchen in blau anbringen zu dürfen – fortan gab es deswegen keinen Streit mehr...

16   Segelflugzeuge

Oben ist die einzige SZD-42-1 Jantar 2 der DDR zu sehen, heute D-9421. Die 2404 im Bild ist ein Hochleistungssegelflugzeug SZD-38A Jantar 1 in Klix.

links: Noch vorhanden ist einer der wenigen Favorit der DDR. Das Flugzeug befindet sich immer noch in Leipzig-Taucha. In Güstrow wurde 2002 nach umfangreichen Untersuchungen festgestellt, dass eine Restaurierung in den flugfähigen Zustand nur noch mit unvertretbar hohem Aufwand verbunden wäre. Ähnlich dem FES Lehrmeister DM-3308 soll die Maschine nun für museale Zwecke aufgebaut und lackiert sowie möglicherweise der Wasserkuppe-Ausstellung übergeben werden. Das große Foto zeigt diese Maschine noch im Flugbetrieb während eines Wettkampfes in Pasewalk.

unten: Cockpit und Foto vom SZD Junior und einem Jantar (links), rechts zwei Stück Puchacz.

Diese Aufnahmen stammen vom Flugplatz Burg bei Magdeburg: Links oben landet im Sommer 1972 ein SZD-30 Pirat - Landerichtung 270° - nach einem erfolgreichen Thermikflug in die Ostecke des Platzes. Darunter: Wartungsarbeiten vor der Flugzeughalle in Burg zur Vorbereitung des „Tages der Bereitschaft" im April 1971 an einer Meise. Techniker Baate und der im Flugzeug arbeitende damalige technische Leiter Detlef Walter wird dabei von einer Flugschülerin assistiert. Darunter sieht man, wie eine Meise an der Startstelle zur Richtung 210 ° zum Start für den nächsten mehrstündigen Thermikflug eingedreht wird. Der davor stehende Pilot Lutz Plaumann könnte damit die „Silber C"-Bedingungen erfüllen. Oben rechts steigen im Juli 1972 an der Ost-Startstelle/Flughalle Flugschüler Eckelt (der Leser sollte sich nicht durch seine Haarpracht auf dem Foto verwirren lassen - ohnehin gab es deswegen reichlich „Zoff" im Lehrgang) und Fluglehrer Rudolf Dehne assistiert von einem Helfer in den letzten in der DDR produzierten FES 530 Lehrmeister mit der Kennung DM-3324. Dieser Ausbildungsstart erfolgt mittels einer Winde Herkules 3 aus tschechischer Produktion. Unten erfolgt das Rückholen eines SZD-9bis Bocian 1E bereits mit einem Trabant-Kübel des Platzes.

Segelflugzeuge

Flugbetrieb 1965: Viele Hände greifen beim Aufrüsten dieser Lom Baby IIb zu. Hinten links wird mit drei Mann das „Kullerchen" untergeschoben. Die ´1685´ wird bei einem Landeunfall 1972 zerstört. Die Werk-Nr. 00528 mit der früheren Kennung DM-1528 ist heute noch am Flugplatz Rudolstadt vorhanden, aber nicht mehr flugfähig. 1963 werden die Segelflugzeuge nach der Landung noch von Hand zum Startplatz zurückgebracht. Hier die Lom "Olympia-Meise", Werk-Nr. 0056, Baujahr 1956 mit der Kennung DM-2056

Segelflugzeuge 19

Im Band I auf Seite 16 hatten wir stolz das einzige uns bekannte Foto der in nur zwei Exemplaren beschaffen Šohaj 3 präsentiert. Leserzuschriften brachten mehr davon zu Tage. So diese drei, auch noch qualitativ außergewöhnlich guten, Fotos des Segelflugzeuges DM-2025 der GST-Sektion Flugsport der damaligen TU Dresden in Riesa-Canitz. Obwohl der Flugbetrieb am gleichen Platz erfolgte, sind diese GST-Flieger übrigens nicht zu verwechseln mit der Gruppe "Wissenschaftliches Fliegen" der Fakultät für Luftfahrtwesen/Flugzeugbau an der TH zur Ausbildung von Ingenieuren der DDR-Luftfahrtindustrie.

Die Šohaj hat auch das Maskottchen der GST-Gruppe am Leitwerk. Es stellt „Hans Huckebein", den Unglücksraben – frei nach Wilhelm Busch dar. Dieses Abzeichen wurde mit farbigen Variationen an allen neulackierten bzw. grundüberholten Maschinen angebracht. So auch am „Silberpfeil" genannten Schleppflugzeug Po-2, siehe auch Foto auf Seite 36 / Band I. Die im Bild gezeigte DM-2025 ist mit viel Fleiß vom Sommer 1961 bis zum Frühjahr 1962 von Heinz Steglich, George Heinrich, Wolfgang Herbich und Peter Korrell grundüberholt und in einer weißen Lackierung mit Streifen in orange und schwarz versehen worden. Nach Ablauf der Zulassung 1967 wurde die hier gezeigte Šohaj 3 dem damaligen Verkehrsmuseum Dresden übergeben und später noch einmal in den Arkaden des Stallhofes gesichtet. Seitdem ist das Flugzeug verschollen.

Die zweite Maschine DM-2033 (Foto darunter) wurde hier 1965 in Karl-Marx-Stadt (Chemnitz) vor dem ehemaligen Hangar fotografiert. Im Hintergrund sind links die Werkstätten und das Wohnhaus des Flugplatzchefs Kurt Kunze zu sehen.

links: das Cockpit eines Puchacz

So sahen ein Original Eintragungs- und Zulassungsschein der DDR und eine Luftfahrttauglichkeitsbescheinigung im Original aus. Diese hier sind für das Luftfahrzeug DM-3071, welches auf dem Bild unten gerade landet. Es handelt sich um ein Segelflugzeug vom Typ FES 530 Lehrmeister vom VEB Apparatebau Lommatzsch Werk-Nr. 071 Baujahr 1957. Das genannte Segelflugzeug wurde am 11. Juli 1957 gebaut bzw. vom Werk abgegeben. Am 31. Juli 1957 fand die Übergabe an die damalige GST-Bezirksleitung Erfurt mit dem Übernahmeprotokoll Nr. 112/57 statt, woraufhin das Flugzeug auf dem Flugplatz Erfurt-Nord als DDR-3071 stationiert wurde. Am 2. August 1961 erfolgte die 1. Grundüberholung und am 5. Mai 1963 wurde diese FES jetzt mit DM-3071 gekennzeichnet zum GST Flugplatz Gotha umgesetzt und dort geflogen. Die 2. Grundüberholung in Lommatzsch war am 29.Januar 1965 fällig. Das Flugzeug wurde im April 1965 nach erfolgter GÜ wieder übernommen und an den Flugplätzen Bad Berka und Sömmerda eingesetzt. Von April bis Juni 1969 erfolgte die 3.Grundüberholung, und anschließend kam die Maschine zum Flugplatz Bad Langensalza und später bis zur Abschreibung nach Sömmerda.

Mit dem Segelflugzeug wurden insgesamt 6107 Starts und 645 Stunden und 55 Minuten Flugzeit erflogen (TT: 645:55). Zur Verdeutlichung: Das sind knapp 29 Tage in der Luft, und jeder Flug dauerte also reichlich sechs (genauer: 6:20) Minuten. Das ist für einen Schulsegler gewissermaßen der Alltag, geht man doch von einer normalen Platzrundenzeit von 5 Minuten aus. Der letzte Flug dieser Maschine erfolgte am 17. Juni 1973, drei Tage später war die Zulassung abgelaufen und das Flugzeug wurde üblicherweise verbrannt – nur das Instrumentenbrett und die Dokumentation sind noch vorhanden.

Der Flugbetrieb mit der DM-3304 (oben) erfolgte in Karl-Marx-Stadt.

Segelflugzeuge

Mehrzweckflugzeuge

Die in der Zeichnung dargestellte SKA trägt hier eine Magnetsonde zur Erkundung von Bodenschätzen. Die in den Fotos gezeigten DDR-SKY An-2TD aus PZL-Produktion hat eine bewegte Geschichte hinter sich. Als DM-SKY kam sie im August 1968 zum Interflug-Spezialflug. Sie gelangte 1977 in den IF-Betriebsteil FIF und flog mit verschiedenen Luftbildausrüstungen. Ob die später im Weltraum verwendete Multispektralkamera MKF-6 auch darunter war, lässt sich zur Zeit noch nicht zuverlässig bestimmen. Ab Oktober 1981 autete der Registereintrag dann DDR-SKY, und 1990 erhielt sie die (Bundes-) deutsche Zulassung D-FOKY. Sie wurde so an Prof. Marg/Hamburg verkauft.

In blau-weißer Bemalung flog sie 1998 als Leader-Maschine für den Guinness-Buch-Rekord „Größte Formation des größten Doppeldeckers der Welt" auf der ILA in Berlin unter dem Kommando von Formations-Leader Dietrich Wachtel. Nach 40 Jahren Betriebszeit hat sie heute 4615 Fh und 6568 Landungen „auf dem Buckel".

Toller Schnappschuss von WJH und WCX in Berlin Schönefeld. Die WCX trägt das Abzeichen des Aeroklubs der DDR. Beide GST-Maschinen befinden sich in „erlauchter Umgebung", offenbar vor einem Auslandsflug zur Zollabfertigung, auch eine Regierungsmaschine Tupolew Tu-134 des TG-44 ist dabei. Darunter die DM-SKI in Landwirtschaftsausstattung. Rechts rollt die DM-SKA(2), also die zweite Maschine mit dieser Kennzeichnung. Sie war zusammen mit SKC und SKG ab 1968/69 bei der FAW (Fliegerische Aus- und Weiterbildung) in Erfurt zur Flugschulung eingesetzt. Ab 1971 kamen SKI, SKK, SKV, SKX, und SKY dort hinzu. Während die SKK und SKY zusammen mit SKA(2), wie hier zu sehen, zum Interflug Spezialflug/Bildflug zurück gingen, wurden SKI, SKV und SKX in Erfurt demontiert und per Bahn nach Bulgarien transportiert. Als D-FOKA wurde diese Maschine dann über die Dieburger Stahlbau GmbH 1992 nach Ex-Jugoslawien an die Kroatische Armee verkauft und durch den bekannten DDR-Flieger Gerhard Blex dorthin überführt. In Kroatien erhielt sie eine große Radarantenne und die taktische Nummer ´006´. Die unten gezeigte DM-WJN mit der PZL Werk-Nummer 1G166-39 kam schon im Februar 1972 zur GST und fliegt noch heute als D-FOJN für den Cottbuser Fallschirmsport Club e. V. am Flugplatz Neuhausen (TT 2004: 2937 FH und 7676 Landungen). Interessanterweise wurden nur noch die Flugzeuge DM-WJM und WJO in dieser Bemalung geliefert.

Der Aufbau des Agrarfluges in der DDR hatte - schon unter der Ägide der Deutschen Lufthansa - seit März 1957 mit dem Mehrzweckflugzeug L-60 begonnen. Nach und nach wurden für die DLH 65 Maschinen beschafft. Mit wissenschaftlichen Methoden hat man über die Jahre reichlich Erfahrungen bei dieser Luftarbeit machen können. So war zum Beispiel der entscheidende Nachteil an der L-60 der einfache Streufächer. Damit war eine Mengendosierung der auszubringenden Chemikalien vor allem mit modernen Stickstoffgranulaten nur schwer möglich. Auch wurde der L-60 ein gefährliches Flugverhalten nachgesagt, denn es hatte hier eine Reihe von Unfällen gegeben, und die „Verlustrate" lag bei fast 50%. Bitter waren die gemachten Erfahrungen mit der labilen Anbringung des Chemikalienbehälters hinter dem Piloten. Im Crashfall hatte er kaum Chancen. Derartige Arbeitsflüge gehören ohnehin zu den anspruchsvollsten und gefährlichsten Arten zu fliegen und die Belastung für den Flugzeugführer ist bei solchen Flügen mit rund 60 Starts am Tag außerordentlich hoch. Hinzu kam Leistungsdruck und fliegerische Lässigkeit. Problematisch wurde

es dann bei 45 Grad Arbeitskurven mit voller Beladung – die L-60 hatte keinerlei Leistungsreserven mehr zur Verfügung, um Steuerfehler auszugleichen. Dennoch schwärmen die, damals auch noch in schicken Kapitänsuniformen fliegenden, Besatzungen noch heute von der damaligen Aufbruchsstimmung, und so manchem fliegerischen Abenteuer. Während das untere Bild der DM-SHH in Berlin aufgenommen ist, wurden die Fotos mit DM-SIA und DM-SID 1957 in Leipzig-Mockau gemacht. Abweichend von unseren Zeichnungen auf Seite 55/Band I hat die DM-SIK hier eine rote Tragflächennasenkante und einen roten Flächenrandbogen. Die GST benutzte übrigens 14 L-60 Brigadýr eine gewisse Zeit als Absetz- und später nur noch als Schleppflugzeuge.

Mehrzweckflugzeuge 25

Während eines Weihnachtssturms im Winter 1975/76 erlitt diese aus PZL-Fertigung stammende An-2TD (Erstregistrierung der Werknummer 1G157-04 am 4. Februar 1975 in der DDR) mit der Kennzeichnung DM-WJL auf dem Flugplatz Magdeburg einen schweren Sturmschaden. Das Flugzeug hatte sich aus der Verankerung gerissen, und der Sturm legte die Maschine, wie auf einem der Bilder zu sehen, auf den Rücken. Das Flugzeug ist in diesem Zustand sauber demontiert und auch wieder „umgedreht" worden. Im Spätherbst 1976 schaffte man alle Teile nach Polen zur Grundüberholung. Der Transport wurde über Straßen mit speziell dafür umgebauten Kraftfahrzeugen und Anhängern durchgeführt. 1977 erfolgten Erst- und Abnahmeflug der reparierten Maschine in Lodz/Polen. Am 30.Juni 1982 wurde die Maschine zur DDR-WJL umregistriert, und noch heute fliegt sie als „rote" D-FIJL in Magdeburg, wie das Foto unten beweist. Sie hatte bis zum Frühjahr 2004 eine TT (Total-Time: Gesamtflugzeit) von mehr als 2230 Fh (Flugstunden) und 6820 meist butterweiche Landungen mit ihrem Stammpiloten Christian Gelfert hinter sich gebracht. Allerdings hat diese An-2 dabei auch rund 400 Tonnen Treibstoff verbraucht - etwas genauer: 446 000 Liter, denn eine An-2 verbraucht ca. 200 vom etwa 1,65 EUR pro Liter teuren Avgas 100LL – früher flog man in der DDR mit B-91. Diese umgangssprachliche Bezeichnung war offiziell ein verbleiter FOK 91/115, und er war grün eingefärbt. FOK bezog sich dabei auf "Flug-Otto-Kraftstoff" und die Ziffern jeweils auf die Oktanzahl in der abgemagerten (lean), und angereicherten (ritch) Kraftstoff-Einstellung, entsprechend den Vorgaben des Betriebshandbuches für die jeweiligen Flughöhen. Laut letzterem war auch der gelbe FOK 95/130, Ersatzweise Avgas 100LL (steht für Aviation Gasoline; LL für low lead) und Flugkraftstoffe mit 89 Oktan für die An-2 zulässig.

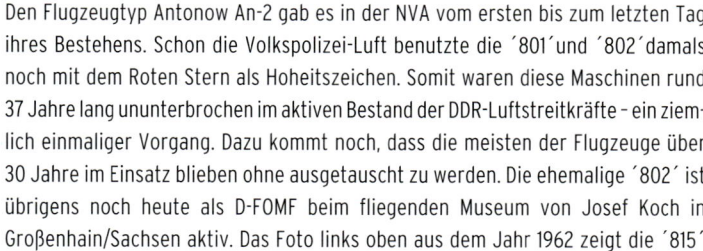

Den Flugzeugtyp Antonow An-2 gab es in der NVA vom ersten bis zum letzten Tag ihres Bestehens. Schon die Volkspolizei-Luft benutzte die ´801´ und ´802´ damals noch mit dem Roten Stern als Hoheitszeichen. Somit waren diese Maschinen rund 37 Jahre lang ununterbrochen im aktiven Bestand der DDR-Luftstreitkräfte – ein ziemlich einmaliger Vorgang. Dazu kommt noch, dass die meisten der Flugzeuge über 30 Jahre im Einsatz blieben ohne ausgetauscht zu werden. Die ehemalige ´802´ ist übrigens noch heute als D-FOMF beim fliegenden Museum von Josef Koch in Großenhain/Sachsen aktiv. Das Foto links oben aus dem Jahr 1962 zeigt die ´815´ im Bestand der Verbindungsfliegerkette für die 1. LVD – ab 1971 VFK-31 genannt. In der Mitte fliegt hier die ´452´ am 15. Oktober 1983 über Hoyerswerda. Als F-AZHB gelangte sie nach der Wende ins Oldtimermekka La Ferte-Alais/Frankreich und hatte dort offenbar einen Unfall. Rechts oben ist die ´457´ im Anflug auf den Schießplatz Jerischke über dem Lausitzer Ort Wolfshain am 14. August 1982 abgelichtet. Über die Donau-Air-Service GmbH ist die Maschine heutzutage zur Antonov Aviation London gelangt. An der unten gezeigten Maschine der VFS-25/VS-25 – später VS-14 – wird in Strausberg eine Wartung durchgeführt.

Mehrzweckflugzeuge **27**

Traurig, aber oft geübte Praxis: Wenn ein Flugzeug abgeschrieben oder aus dem Register gelöscht war (in diesem Fall am 31. Mai 1973), musste es in der DDR vernichtet werden. Holzflugzeuge wurden einfach im Freien verbrannt. Hier ist es eine CSS-13, ein polnischer Lizenzbau der Polikarpow Po-2, mit ihrer (zweiten) Registrierung DM-WAY(2). Deren Verbrennung geschah im Frühjahr 1974 am Flugplatz Magdeburg. Allerdings lief nicht alles glatt: Der damalige Kraftfahrer des Platzes, „Beppo" Schrader, schoss mit einer Leuchtpistole auf die Tragfläche der Maschine, um sie zu entzünden. Das Leuchtspurgeschoss prallte jedoch ab und steckte ein Kornfeld neben der Maschine an. GST-Kameraden löschten dieses Entstehungsfeuer, und nach mehreren Versuchen klappte die eigentliche Verbrennung der Po-2. Das Flugzeug wurde innerhalb weniger Minuten ein Raub der Flammen, so dass der Fotograf dieser Bilder gerade einmal um das brennende Flugzeug gelangte, um diesen Vorgang fotografisch festzuhalten. Übrig blieben nur einige traurige Reste nebst Motor der Maschine.

28   Mehrzweckflugzeuge

Die VP-Luft hatte aus dem Bestand der sowjetischen Luftstreitkräfte einige Polikarpow Po-2 erhalten. Das schwarz-rot-goldene Hoheitszeichen der NVA ersetzte 1956 den roten Stern an den Flugzeugen. Trotz ihrer Zuordnung zur Armeesportvereinigung ASV und ihres Einsatzes für die GST behielten Schleppflugzeuge oft vierstellige Nummern und militärische Hoheitsabzeichen. Bei den GST- und Armeesportfliegern erlangten die Po-2 einen legendären Ruf. Sie galten als robust, zuverlässig, und es gab nichts, was man mit einer „Podwa" nicht machen konnte. Der Rufname „Podwa" setzte sich dabei aus der Typenabkürzung Po (für den Konstrukteur Polikarpow) und dem russischen Wort dwa (für zwei) zusammen. 1965 bis 1967 beschaffte man für den DDR-Flugsport zwölf gebrauchte Maschinen aus Polen. Diese waren dort unter der Bezeichnung CSS-13 bei PZL-Okecie in Lizenz gefertigt worden. Das im Band I genannte Werk WSK in Krosno war lediglich für deren Überholungen zuständig. Zu einigen Maschinen gibt es neue Erkenntnisse: DM-WAB(2)/ ex SP-ARW; DM-WAJ(2)/ ex SP-BFO; DM-WAK(2)/ ex SP-ADA; DM-WAP(2)/ ex SP-AMT; DM-WAS(2)/ ex SP-AFH; DM-WAW(3)/ ex SP-BFG. Die DM-WCQ(2) ist zur Zeit noch ein ungelöstes Problem, da die Werk-Nr. (c/n) 02-58 keiner CSS-13 zugeordnet werden kann. Vermutlich ist es aber die Werk-Nr. 420-58 – eine ex-polnische Maschine mit der Registrierung SP-AEU. All diese Flugzeuge waren neueren Herstellungsdatums und mit dem 117 kW leistenden M-11FR Motor der Jak-18 ausgerüstet. Das Original-Triebwerk M-11D leistete dagegen nur 91 kW.

Das untere Foto zeigt das „Aufziehen" (Durchdrehen des Motors zur Ölverteilung vor dem Start) einer CSS-13 auf dem Flugplatz Burg. Das Ende einer solchen Maschine ist auf der gegenüberliegenden Seite eindrucksvoll festgehalten.

Der Einsatz der L-60 Brigadýr bei den Luftstreitkräften - LSK/LV - der NVA blieb nur eine kurze Episode. Anfang 1960 beschaffte man 20 Maschinen von der tschechoslowakischen Militärversion K-60. Diese waren mit einem Radiokompass, KW- und UKW-Funkgeräten ausgerüstet. Sie sollten als Schulflugzeuge, wie auch als Kurierflugzeuge eingesetzt werden. Zugehörig zur Transportfliegerschule, bildeten diese L-60 zwei Staffeln des Transportfliegerausbildungsgeschwaders TFAG-14 in Garz/Heringsdorf. Die Kurierfliegerrolle übernahmen ab 1962 die Mi-1 Hubschrauber. Genug Personal-Nachschub mit fliegerischer Grundausbildung kam von der GST, so dass man im Herbst alle Maschinen an die Lufthansa der DDR abgab. Die auf den Fotos ersichtlichen taktische Nummern sind von einem Zensor bearbeitet worden. Gesichert ist die Kenntnis von den NVA-Maschinen '236', '237', 242' und '251'. Lediglich zu '250', ´248´ und ´238´ konnte mittlerweile eine Zuordnung zu den Werknummern der bekannten L-60-Maschinen hergestellt werden. Sollten Leser dazu mehr Informationen besitzen, so würden wir uns über entsprechende Rückmeldungen freuen (siehe Impressum).

30   Mehrzweckflugzeuge

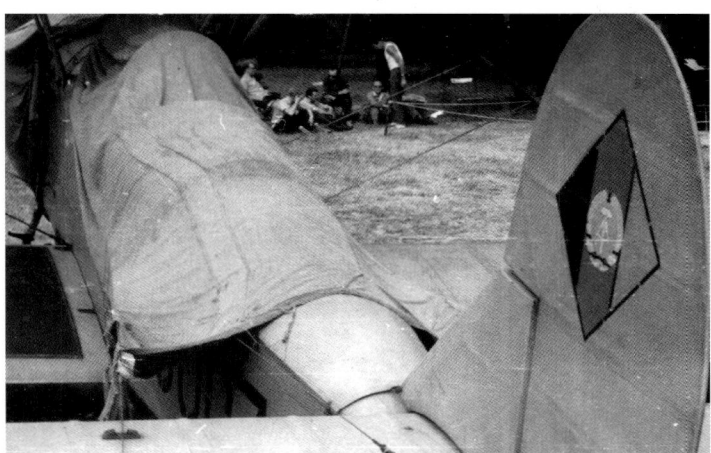

Diese Podwas betrieben die LSK/LV in ihrem Armeesportclub ASK.

Mehrzweckflugzeuge

Die oben rechts gezeigte DDR-SKG, war vorher die ´863´ (Foto links in Eisenhüttenstadt), und gehörte zu einer Gruppe von vier An-2, um die sich zu Wendezeiten Legenden rankten und Prozesse geführt wurden. Die Gemeinde Eilenburg beanspruchte 1990 neben der Fläche des Objektes auch das Fluggerät des Stasi-Fliegerhorstes „Rote Jahne". Diese Bezeichnung hat übrigens weniger mit den Kommunismus, als mit einer rothaarigen Schönheit in einer Gastwirtschaft zu Postkutschenzeiten zu tun. Wahrscheinlich weil dem Ort diese Maschinen nicht übereignet wurden, hat man später die Schließung des Flugplatzes gleich so vehement betrieben, dass heute dort nur noch Autos ihre Übungsrunden drehen dürfen. Im Verhältnis zur heutigen allgemeinen Luftfahrt und den damaligen technischen Möglichkeiten war dieser Flugplatz, sogar gegenüber den anderen Plätzen der LSK/LV, hochmodern ausgerüstet. Ein „Teilweise Automatisiertes Flugplatz-System" (TAF) ermöglichte die Bedienung der Nah- und Fernfunkfeuer, Peiler, Marker und Tesla-Lichtlandeanlage usw. im Zwei-Mann-Betrieb rund um die Uhr. Das Meiste davon wurde in den Wendewirren vom „Volkszorn" zerstört. Die vier dort vorhandenen MfS-Flugzeuge hatte man bereits im April 1990 dem brandneuen Interflug-Spross des Betriebsteiles Agrarflug mit dem Namen „Airtouristik" übereignet (verkauft?) und im Halterregister entsprechend übertragen. Ein letztes Sprungtraining hatte der Fallschirmsportclub Dynamo Eilenburg noch am 30. Juni 1990 auf der „Roten Jahne" durchgeführt, am gleichen Tage stornierte man den Flugplatz bei der HVZL durch die Interflug.

Um die oben abgebildete Maschine gab es reichlich Hickhack. Sie konnte erst am 5. Mai 1992 von der Besatzung Hering/Rawolle nach Anklam überführt werden. Dazu waren allerlei Sondergenehmigungen notwendig, darunter auch der oben rechts fotografierte seltene Mix beider Kennzeichen DDR-SKG und D-FONG. Die Maschine ist heute Teil des Museums in Anklam. IF-Airtouristik - unten ist deren DDR-SKE (Ex- ´459´ jetzt D-FONE) zu sehen - wiederum hatte sich dann kurz danach als FSB zeitgleich mit der Einheit Deutschlands mit rund 310 Flugzeugen und 1500 Beschäftigten aus der Staatsairline ausgegliedert, weil man auf diese Weise hoffte, unter den neuen wirtschaftlichen Bedingungen mehr Erfolg zu haben.

Das Foto unten ist übrigens auch auf der „Roten Jahne" aufgenommen: ein sehr schönes Line-Up von An-2 anlässlich der DDR-Meisterschaften 1975 im Fallschirmsport. Damals nannte sich die Eilenburger Springertruppe „Sportclub Dynamo Hoppegarten" und war strukturell dem Wachregiment des MfS „Felix Edmundowitsch Dzierzynski" in Berlin-Adlershof unterstellt. Die Fallschirmspringer dieser Einheit holten im Zeitraum von 1963 bis 1990 übrigens 22 Gold-, 15 Silber- und 15 Bronzemedaillen bei Weltmeisterschaften im Fallschirmspringen. Die MfS-Maschine ´811´ wurde 1990 zur DDR-SKF der Interflug und stand bis vor kurzem bei der LHS in Finow. Nach einem Landtransport 2003 der jetzigen D-FONF zur Gehling Flugtechnik Stadtlohn, befindet sie sich dort zur Zeit in Restauration und soll mit einem Umbaukit für neun Passagiere ausgestattet werden.

Diese An-2 mit dem Kennzeichen DM-WCY – unten ist sie in besseren Zeiten bei einem Fallschirmsprungwettkampf 1965 in Bad Berka zu sehen, bei dem auch die unten gezeigte WCX zum Einsatz kam – wurde wegen Ablaufs ihrer Gesamtbetriebszeit auf dem Flugplatz Magdeburg demontiert bzw. abgewrackt und letztlich am 29. Januar 1974 aus dem Zivilflugzeugregister der DDR gelöscht. Kurioserweise geschah dies auf dem Interflugseitigen Teil des Flugplatzes, wo sich gerade bulgarische Spezialisten zum Einkauf von An-2 der IF befanden… Sie boten sofort 60 000 DM für diese gut erhaltene GST-An-2 und ließen Verhandlungen über den Restwert der Maschine offen. Aber der Zentralvorstand der GST hatte kategorisch „nein" zu einem Verkauf gesagt. Daraufhin wandten sich die Motorflugmechaniker der GST in Magdeburg mit einer Petition an den Zentralvorstand (ZV) der GST – jedoch ohne Erfolg. Sie durften lediglich noch das Triebwerk zur Weiternutzung abbauen. Den restlichen Abwrackvorgang hatten drei Mann in 14 Tagen zu erledigen. Heute exi-

stiert noch ein Heckspant dieser An-2 bei einem der damals Beteiligten. Merkwürdigerweise gab es derartig willkürliche Entscheidungen des ZV der GST recht oft, während vor Ort auf den Plätzen mehr auf die Erhaltung der Flugtechnik geachtet worden ist und besonders Oldtimer gehegt und gepflegt wurden. Und nur dem Verhalten einzelner mutiger Menschen ist es zu verdanken, dass einige dieser Maschinen oder Teile noch heute für die Nachwelt erhalten geblieben sind.

Auf diesen Fotos ist gut erkennbar, dass nur die oberen Vorderkanten der Tragflächen bei WCX und WCY rot lackiert waren. Im Gegensatz zur Zeichnung Seite 49/Band I ist auch nur das untere Halbrund der Motorverkleidung der WCX in dieser Farbe (linkes Fotos) lackiert.

Mehrzweckflugzeuge 33

Die ´857´ und weitere sechs Maschinen erhielten im FWD zusätzliche Antennen und Vorrichtungen, um ggf. als Funkrelaisflugzeuge für den Wechselsprechverkehr tieffliegender Jagdflugzeuge und Jägerleitstelle als sogenannte Retransmaschinen zu dienen. Dazu musste einer von drei vorhandenen Einbausätzen mit zwei bis drei speziellen Funkstationen, Stromversorgung und Arbeitsplatz für einen Funkspezialisten eingebaut werden. Die gleichen Maschinen konnten auch Aufgaben der ABC-Aufklärung übernehmen, da der Einbau zweier Strahlungsmessgeräte möglich war. Generell wurde in der NVA der Schutz vor chemischen- und Massenvernichtungsmitteln groß geschrieben und das Training mit persönlichen Schutzmitteln teils bis an die Grenzen menschlichen Leistungsvermögens geführt. Der „Gummifromms" oder „Ganzkörperkondom" gehörte auch bei den LSK/LV dazu. Mit der gezeigten Antonow An-2 wird hier in Strausberg der Flugbetrieb unter derartigen Bedingungen simuliert. Das mit Kreide zur Kennung ´857´ durch einen chemischen

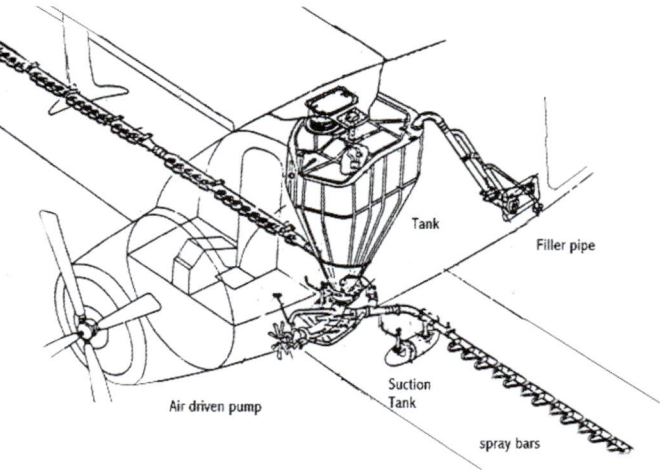

34 Mehrzweckflugzeuge

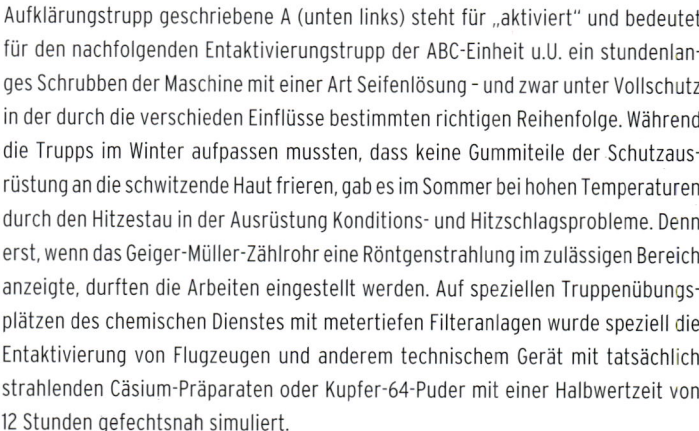

Aufklärungstrupp geschriebene A (unten links) steht für „aktiviert" und bedeutet für den nachfolgenden Entaktivierungstrupp der ABC-Einheit u.U. ein stundenlanges Schrubben der Maschine mit einer Art Seifenlösung – und zwar unter Vollschutz in der durch die verschieden Einflüsse bestimmten richtigen Reihenfolge. Während die Trupps im Winter aufpassen mussten, dass keine Gummiteile der Schutzausrüstung an die schwitzende Haut frieren, gab es im Sommer bei hohen Temperaturen durch den Hitzestau in der Ausrüstung Konditions- und Hitzschlagsprobleme. Denn erst, wenn das Geiger-Müller-Zählrohr eine Röntgenstrahlung im zulässigen Bereich anzeigte, durften die Arbeiten eingestellt werden. Auf speziellen Truppenübungsplätzen des chemischen Dienstes mit metertiefen Filteranlagen wurde speziell die Entaktivierung von Flugzeugen und anderem technischem Gerät mit tatsächlich strahlenden Cäsium-Präparaten oder Kupfer-64-Puder mit einer Halbwertzeit von 12 Stunden gefechtsnah simuliert.

Genau für derartige Übungen wurden auch An-2 eingesetzt, allerdings auch in anderer Art und Weise. Zur Zieldarstellung und Simulation des Einsatzes von chemischen Kampfstoffen für die Land- und Seestreitkräfte der NVA verfügten die An-2-Flugzeuge '440' und '450' über Vorrichtungen, die eine, eigentlich für die Landwirtschaftsversion gedachte, Chemikaliensprühanlage AM-42 als Rüstsatz kurzfristig installieren ließen. Das Bild links zeigt den Einbau des Chemikalientanks in eine der Maschinen und links ist ein Schema der Anlage zu sehen. Damit wurden unschädliche Farb- oder Geruchsstoffe über Stellungen der Truppen oder über Schiffe gesprüht. Derartige Einsätze erfreuten sich allerdings bei den Betroffenen keinerlei Beliebtheit. Das Tarnen der Gefechtstechnik war auch ein ständiges Trainingsfeld in der NVA: Auf den Fotos versucht man in Strausberg mit den herkömmlichen Tarnnetzen und -sätzen eine An-2 abzutarnen. Bei der Höhe des Flugzeuges und seiner stoffbespannten Tragflächen eine strapaziöse Angelegenheit. Im Bild links wird der Transport eines Verletzten trainiert. Gut ist dabei die große Ladeluke zu erkennen.

Die oben gezeigte An-2TD aus polnischer Fertigung bei PZL mit der Kennung DDR-WJM war zu Wendezeiten in Schönhagen stationiert. Dort hatte man nach Auflösung der GST im April 1990 sehr schnell die verschiedenen Volkskammerbeschlüsse zur Entfernung des DDR-Staatswappens in der Flagge – der entscheidende wurde am 1. Juni 1990 gefasst- in die Tat umgesetzt, wie dieses Foto beweist. Heute fliegt sie – komplett silbern – für die „Freunde der Antonow e.V." im Münchener Raum sowie regelmäßig zur ILA in Berlin und wird als D-FWJM normalerweise von Paul Hoffman oder seinem Sohn geflogen.

Links gehen Fallschirmspringer an Bord von jeweils An-2-Maschinen, einmal in Strausberg und einmal in Eilenburg.

Mehrzweckflugzeuge

36   Mehrzweckflugzeuge

Die DDR beschaffte 1966 vier Antonow An-14 „Bienchen" (russisch: „Ptscholka"), so der Beiname der An-14. Alle vier Maschinen wurden in grün mit hellblauen Unterseiten geliefert und bei der Verbindungsfliegerstaffel VFS-25 (später VS-14) in Dienst gestellt. Der Einsatz erfolgte vorwiegend zu sogenannten Kaderflügen, sprich Beförderung von Führungskräften des Kommandos LSK/LV. Manchmal setzte man die An-14 auch auf der Verbindungslinie Nord/Süd zwischen den Einheiten der beiden Luftverteidigungsdivisionen ein, und es wurden verschiedentlich Ausbildungsflüge damit durchgeführt.

Ende 1967 erhielten alle An-14 nacheinander in der Flugzeugreparaturwerkstatt (FRW 24) in Kamenz einen neuen Anstrich. Zwei Maschinen bekamen jeweils blaue bzw. zwei rote Fensterstreifen. Genau wie Zeitzeugen das blaue Band an der ´996´ (siehe unsere Zeichnung in Band II) bei Besuchen der 1. LVD in Cottbus bestätigen, gibt es die unten auf dem Flugplatz Leipzig-Mockau aufgenommenen Fotos, auf denen diese Maschine einen roten Fensterstreifen hat. Eine absolute Rarität sind deshalb die obigen Fotos: Sie zeigen die komplette Vorstartlinie in Strausberg bei der VFS-25 - leider ist der konkrete Zeitpunkt unbekannt und die Fotos sind alle in schwarz-weiß.

Mehrzweckflugzeuge

38 Mehrzweckflugzeuge

1970 entschloss sich die Führung der GST zur Beschaffung des Mehrzweckflugzeuges PZL-104 „Wilga", zu deutsch: Pirol oder Goldammer. Speziell für den Segelflugzeugschlepp von bis zu drei (!) Segelflugzeugen war die Wilga geradezu prädestiniert. Verhältnismäßig große Motorleistung in Verbindung mit der Verstell-Luftschraube ergaben gute Steigleistung und eine große Sinkrate beim Landeanflug. Dadurch konnten hohe Startfolgen und eine gewisse Wirtschaftlichkeit erzielt werden. Feste Vorflügel und große Landeklappen, gekoppelt mit Querruderverstellung, geben der Wilga noch heute ihre herausragenden STOL-Eigenschaften. Sogar die Volkspolizei testete damals mit dieser Maschine den Einsatz von Flächenflugzeugen (im obigen Bild ist noch deren Rumpf zu sehen) für polizeiliche Zwecke.

Das Foto der DM-WBO links oben ist neu aufgetaucht und zeigt eine der fünf Lieferlackierungen - hier in grundsilber mit rotem Streifen, wie sie bis WBY aufgebracht wurde. Nach wie vor fehlt noch ein Fotonachweis der frühen WBN-Bemalung. Auch gab es von einem LTB den Hinweis, dass die ockergelb-hellblau gespritzten Wilgas ursprünglich nicht so geliefert wurden. Vielmehr erhielten die Maschinen diesen Farbton bei den Grundüberholungen im Werk Krosno, in das Flugzeuge und Mechaniker während der politischen Unruhen in Polen 1981 ausweichen mussten. Unten ist die DDR-WRA noch bei der GST in Dienst, die Farbgebung entspricht ihrem Aussehen kurz vor der Übernahme durch die Interflug.

Mehrzweckflugzeuge

Die Deutsche Lufthansa begann ab 1957/58, einen Inlandflugverkehr mit der Antonow An-2 aufzubauen. Dazu wurden die Flugzeuge im VEB Maschinen- und Apparatebau Schkeuditz (MAB) - Werk 805 - umgebaut. Das Foto der Halle 5 des MAB oben links mit der IL-14 im Vordergrund zeigt diesen oft An-2P genannten Umbau. Die fabrikneuen, grün lackierten Maschinen waren keine speziellen Landwirtschaftsvarianten, sie wurden in der Mehrzweckvariante geliefert. Der Streubehälter sowie die anderen Ausstattungen für die Landwirtschaft gehörten zu diesem Rüstsatz. Er wurde lediglich demontiert und später, nach Einstellung der Passagierflüge, wieder eingebaut. Dies dann jeweils als „Umbau" darzustellen, gehörte vielleicht damals schon zu den Firmentermini, um diese Arbeit wichtiger darzustellen, als sie tatsächlich war.

Allerdings ist in der Tat durch die Vergrößerung der Fenster ein Umbau zu Passagierflugzeugen entstanden. Für diese wurde verzerrungsfreies Plexiglas verwendet, um ausreichend Helligkeit im Innern und eine gute Aussicht zu gewährleisten. Außerdem gab es eine komplett neue Innenausstattung und Bestuhlung. Dazu sind Teile der Mehrzweckausstattung abgenietet worden, so die seitlich fixierten Blechklappsitze, Einrichtungen zum Absetzen von Fallschirmspringern, Halterungen für Krankentragen und das Sauerstoff-Versorgungssystem. Der Fensterbereich des Rumpfes zwischen Spant und Stringer wurde anschließend durch Knotenbleche (vgl. Fotos) verstärkt und das Rumpfinnere mit stoffbespanntem Lochblech versehen. Die rechts neben der Cockpit-Tür in der Nutzkabine eingebaute funktechnische Ausrüstung verkleidete man mit einem Kasten. Zur Aufnahme der Sitzhalterungen erhielt der Rumpf im Boden und in den Seitenwänden zwischen den Spanten Doppelstege.

Die Leitung der konstruktiven Veränderungen lag in den Händen von Dipl.-Ing. Werner Meyer-Kassel, der bis 1945 als Fliegeroberstabsingenieur die Bauaufsicht bei der ATG in Leipzig-Seehausen ausübte. Interessant ist noch, dass der MAB zu den An-2, wie auch zu den Typen Jak-18 und Jak-11, die ebenfalls dort umgebaut oder gewartet wurden, keinerlei Konstruktionsunterlagen von der UdSSR erhalten hatte. Alle Zeichnungen für Umbauten und Reparaturen mussten im MAB neu erstellt und Werkstoffproben von Originalbauteilen genommen werden.

Auf der rechten Seite hat man in einer ersten Umbauserie von 1957 fünf Panoramafenster, vier Doppelsitzbänke und einen Einzelsitz rechts und auf der linken Seite drei Einzelsitze und drei Panoramafenster montiert. Fotografisch belegt ist so bisher nur die DM-SKC... Für die Sitze wurde eine geschweißte Rohrkonstruktion aus einer Aluminiumknetlegierung gewählt, die dann gepolstert wurde. Offenbar mussten (?) später wieder Sitze entfernt werden, da die Prüfstelle der HVZL in einem vorliegenden Kennblatt aus dem Jahr 1961 in einer „Rundflugvariante" nur zehn Passagiere genehmigte. Für Auslandsflüge nach ICAO-Richtlinien wäre dafür ein zweiter Notausstieg erforderlich gewesen. Im Reiseverkehr mit neun Passagieren war nach diesem Kennblatt auch das WC zu sperren, denn zu dem Umbau gehörte hinter dem Schott nunmehr rechts eine Toilette. Die Einschränkung der Passagierzahl erklärt möglicherweise, warum die Maschinen einer zweiten Umbauserie des Jahres 1957, wie die DM-SKD und die SKF, auf der rechten Seite nur noch vier Panoramafenster erhielten. Während dies auf die taktische Nummer ´855´ der NVA-Verbindungsfliegerstaffel VFS-25, später VS-14 in Strausberg auch zutrifft, steht der Fotobeweis für die DM-SKE noch aus.

Für die Deutsche Lufthansa der DDR flogen auf den Passagierlinien auch noch die 1958 mit je vier Panoramafenstern auf der rechten Seite ausgestatteten DM-SKG, -SKK, und DM-SKL.

Vor kurzem nun ist eine Serie von Kontakt-Fotoabzügen aus dem MAB mit der Film-Nummer F 47 aufgetaucht. Insgesamt 20 Fotos zeigen „eine" DM-SKA von innen und außen mit Panoramafenster. Einige davon sind hier erstmals zu sehen.

Die DM-SKA(1) war nur ganz kurz bei der DLH und ging gleich nach Dessau (?) zur NVA. Ein Foto vom 22. August 1958 zeigt diese ´845´ dann in silber mit dem DHL-Pfeil, aber offenbar ohne Panoramafenster. Genau so fliegt die Maschine noch heute als D-FKMI. Zur Zeit gibt es für diese Verwandlung der SKA noch keine Erklärung, wenngleich bei Generalüberholungen an An-2 später durchaus komplette Rümpfe ausgetauscht wurden. Nach bisheriger Lesart waren also acht Maschinen mit Panoramafenstern umgebaut worden, während verschiedene Zeitzeugen immer wieder von 13 Maschinen sprechen, die für den ab 2. Mai 1958 aufgenommenen Linienverkehr der DLH erforderlich waren...

Mit der gezeigten SKA gäbe es zunächst eine neunte, denn die DM-SKB hatte nachweislich keine Panoramafenster. Zusätzlich standen im Dienst der DLH noch die -

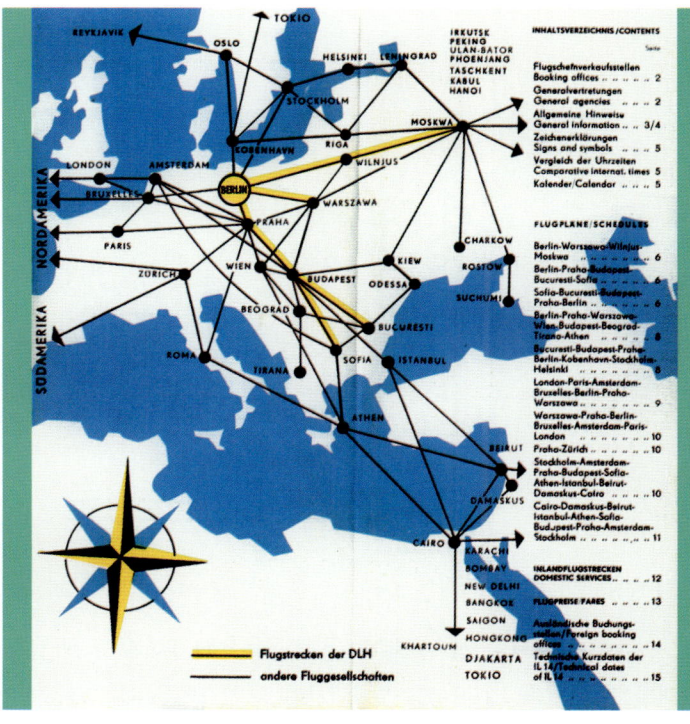

Mehrzweckflugzeuge **41**

SKH, -SKI, -SKM, -SKN sowie weitere, aber erst ab 1961 beschaffte Maschinen – nach derzeitigem Erkenntnisstand offenbar alle ohne die Panoramafenster.

Zwei weitere neue Fotos beweisen nun die Existenz einer – zehnten – Panorama-Anna. Das Farbfoto der LZ-1175 unten ist die ehemalige DM-SKJ bzw. DM-SKQ(2) der Deutschen Lufthansa in der DDR. Auf Seite 41 ist diese Maschine gemeinsam mit der DM-SKL bei der Eröffnung des Flugverkehrs vom damaligen Karl-Marx-Stadt, heute wieder Chemnitz, zu sehen.

Auch tauchte jetzt ein Dokument mit dem Titel „Perspektive der Luftfahrtindustrie Werk 805" - Exposé des VEB MAB Schkeuditz vom 7. Oktober 1958 auf. Nach diesem wurden 1957 im MAB Schkeuditz sechs Stück An-2 umgebaut (SKA ?, -SKC, -SKD, -SKE, -SKF und ´855´) und 1958 waren bis zum 30. September der Umbau weiterer sieben Maschinen geplant und ausgeführt (SKG, -SKJ, - SKK, - SKL) worden... Bisher sind die Kennungen der noch möglichen drei weiteren Maschinen nicht bekannt. Dieses Dokument erwähnt ebenfalls die Reparatur von An-2 Maschinen im MAB. Und zwar zwei Stück 1955 (!), zwei Stück 1956, ein Stück 1957. Eine Reparatur war noch für 1958 geplant. Ob dies mit den Passagier-Annas irgend etwas zu tun hat, ist derzeit noch unklar.

42   Mehrzweckflugzeuge

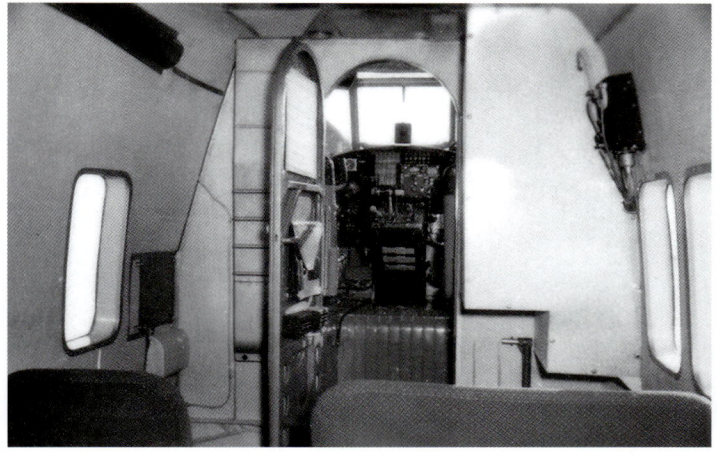

DEUTSCHE LUFTHANSA

An die See oder ins Gebirge ... ganz gleich, wohin die Reise geht. Im Flei-Verkehr erreichen Sie noch schneller Ihr Ziel, und Ihre Reise wird um das zusätzliche Erlebnis des Fliegens bereichert.

Sie können selbst bestimmen, welche Teilstrecke Sie mit der Bahn oder dem Flugzeug reisen wollen. In jedem Fall werden für die Eisenbahnstrecke 33 1/3 %, und für die Flugstrecke 10 % Ermäßigung gewährt. Jedes FDGB-Mitglied kann von dieser günstigen Einrichtung Gebrauch machen. Lassen Sie sich von Ihrem Reisebüro unverbindlich beraten. FLEI-Urlauberkarten sind nur in den Zweigstellen des Deutschen Reisebüros erhältlich.

Inlandflugstrecken der Deutschen Lufthansa "Im Flei-Urlauberverkehr (kombinierte Eisenbahn-Flug-Reise) kann die Hinreise zum oder die Rückreise vom Urlaubsort oder ein Teil davon mit dem Flugzeug zurückgelegt werden.

URLAUBS-REISEN IM FLEI-VERKEHR

Mehrzweckflugzeuge 43

Arbeitsflugzeuge

Von 1985 bis 1989 importierte die DDR 58 Maschinen der extra für sie konfigurierten PZL M-18 Dromader in der A-Version mit zusätzlicher Mitflugmöglichkeit für den Mechaniker. Abweichend von dieser Normalversion hat man in Anklam 1989 eine Maschine für die Pilotenschulung umgebaut. Diese seltene Variante ist oben gezeichnet und links im Foto noch mit ihrer Kennung DDR-TLT zu sehen. Das Flugzeug existierte dann noch kurzzeitig als D-FOLT und wurde vor dem Verkauf nach Australien wieder zurückgerüstet.

Die mit Hilfe von Interflug-Technikern verbesserte M-18A war ein ideales Arbeitsflugzeug für die Anforderungen in der DDR. Dies bezog sich nicht nur auf ein gutes Nutzlastleistungsverhältnis, sondern auch ihr hervorragendes Fahrwerk. Es war für die teils holprigen Pisten der Grund- und Arbeitsflugplätze in der DDR bestens geeignet. In den Hochzeiten der intensiven Agrarfliegerei im Osten Deutschlands waren die Piloten der Interflug bis zu 600 Flugstunden pro Jahr im Einsatz.

Arbeitsflugzeuge

Interflug gehörte 1967 zu den ersten Exportkunden für die Z-37 Čmelák (zu deutsch: Hummel). Der Agrarflug hatte in der DDR ab 1957 mit dem Mehrzweckflugzeug L-60 angefangen. Im Unterschied dazu war bei der Z-37 die gesamte Aerodynamik und das Flugverhalten für den Arbeitsflug in geringer Höhe optimal angepasst. Die Čmelák verfügte über eine moderne Schleuderradanlage, die feste Applikationsstoffe bis zu einer Arbeitsbreite von 30 Metern gut dosiert ausbringen konnte. Auch die Sprühanlage für Flüssigkeiten war an der Z-37 für die entsprechenden Aufwandmengen optimiert. In ihrem Cockpit waren die Bedienelemente und die Sitzposition speziell auf diese Bedürfnisse abgestimmt. Die Zelle war so abgedichtet, dass keine Chemikalien eindringen und die gefürchtete, gefährliche Korrosion hervorrufen konnten. All diese Faktoren brachten jetzt mehr Sicherheit, Effizienz und verbesserte Arbeitsbedingungen in den Agrarflug. Die Čmelák war bei Besatzungen und Mechanikern gleichermaßen beliebt. Die erheblichen Schwierigkeiten bei der Einführung der polnischen Kruk führten dazu, dass noch ca. 125 betriebsbereite Z-37 die Wende erlebten und an den Flug Service Berlin (FSB), den Nachfolger des IF-Agrarflugs, übergingen. Auf dem Foto oben werden drei der ersten Z-37 am Agrarflugstützpunkt Kyritz angeliefert. Die SMB im Vordergrund ist die 11. Maschine aus der zweiten Serie bei Let und ging im Mai 1967 beim IF-Agrarflug in Dienst. Darunter die SVB wurde am Flugplatz Cottbus-Drewitz mit Teilen der SVP restauriert. Die Aufnahme der DM-SMI (rechts) wurde im Frühjahr 1968 in Güstrow gemacht. Die Z-37 ist dabei mit der Sprühanlage zur Bekämpfung von Rapsschädlingen ausgerüstet. Die DDR-SRL rechts ist eine Z-37A aus der 16. Serie. Sie kam 1972 zum IF-Agrarflug. Oben auf der rechten Seite ist zu sehen, wie 1968 auf dem Flugplatz Sömmerda die Čmelák mit einem sogenannten Weimar-Lader mit Chemikalien beschickt wird. Die SRV ist unten in der Kyritzer Werft etwa 1978 zu sehen. Nach ihrem Unfall 1990 wurde sie mit Teilen der DDR-SQX zur zweiten DDR-SRV(2) aufgebaut und dann als D-ESRV zugelassen.

Arbeitsflugzeuge 47

Für die Ausbildung beschaffte man über die Jahre hinweg insgesamt 15 doppelsitzige Schulflugzeuge Z-37-2 bzw. Z-37A-2. Diese Schulmaschinen dienten der fliegerischen Aus- und Weiterbildung an der Betriebsakademie Agrarflug der Interflug und in den aviochemischen Zentren. Der rund 100 Flugstunden umfassenden fliegerischen Grundausbildung folgte eine aviochemische Flugausbildung, die etwa 80 Flugstunden erforderte. Auf den unteren Fotos sind verschiedene dieser Schulmaschinen zu sehen.

48   Arbeitsflugzeuge

Dieses Foto mit Z-37 zeigt ein besonderes Vorkommnis: Eine dänische Piper PA28-180 Cherokee C im Frühjahr 1968 auf dem GST-Flugplatz Güstrow. Die OY-BBJ ist offenbar von Maschinen der sowjetischen GSSD-Luftstreitkräfte zur Landung gezwungen worden. Der Privatpilot war aus der südlichen Bundesrepublik auf dem Rückflug nach Dänemark, wobei er in den DDR-Luftraum gelangt ist. Das Flugzeug wurde von den sowjetischen Streitkräften und der Staatssicherheit akribisch auf eine eventuelle Fotospionageausrüstung untersucht. Anschließend demontierte man die Maschine und brachte sie mit einem LKW nach Rostock, um sie dann per Schiff nach Dänemark zu überführen.

Unten erfolgt die Beschickung der Z-37 bereits mit einem Hydrauliklader der T-Serie – wie immer bei laufendem Triebwerk, um eine hohe Produktivität, das heißt eine größtmögliche Anzahl von Starts, zu realisieren.

Arbeitsflugzeuge **49**

Entgegen der Meinung ihrer Experten beschloss die Führung der Interflug als Ersatz für seine Z-37 den Flugzeugtyp PZL-106 Kruk (Rabe) aus dem polnischen WSK Okecie als erster Exportkunde zu beschaffen. Im Juli 1978 kamen die ersten Maschinen der A-Version (Fotos) zum Betrieb Agrarflug der Interflug auf den Stützpunkt Magdeburg. Um ein einsatztaugliches Agrarflugzeug zu erhalten, haben Techniker, Ingenieure und Piloten der Interflug eine Menge Entwicklungsarbeit und zahlreiche Änderungen und Verbesserungen an der Zelle und der Applikationsanlage vorgenommen. Bei der Interflug baute man sogar ein Getriebe an den Motor und bezeichnete diese Maschinen als PZL-106AR. Die Probleme führten schließlich zur PZL-106BR, welche von Anfang an das Reduktortriebwerk und ein neu konstruiertes Tragwerk mit einer um 26 cm größeren Tragflächentiefe mit kürzeren Streben und über Landeklappen verfügte.

Arbeitsflugzeuge 51

Jagdflugzeuge

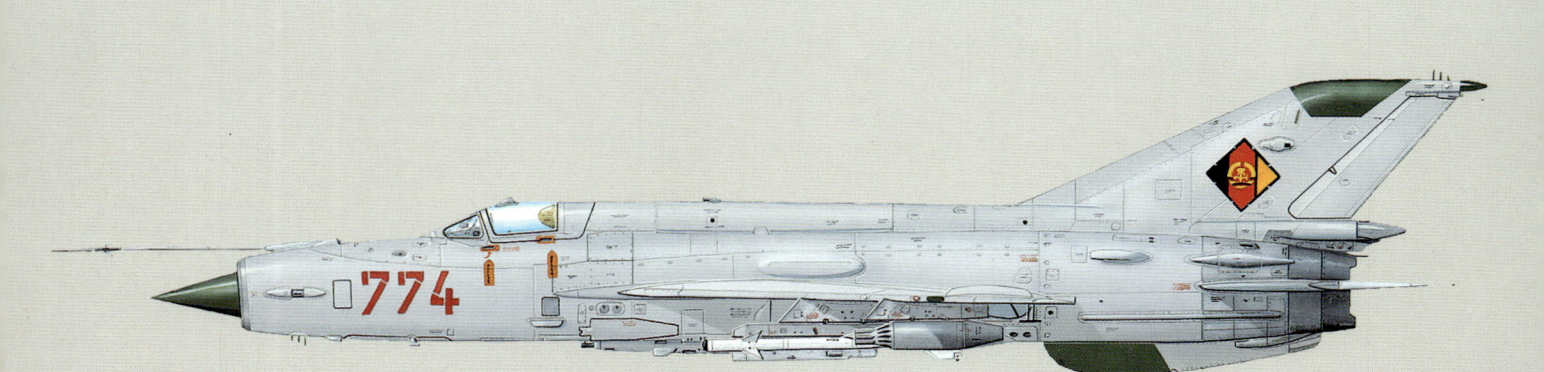

Die MiG-21 ist sozusagen das „Arbeitspferd" der LSK/LV gewesen. Ständig waren ab 1962 Versionen davon in NVA-Diensten. Auf den nächsten Seiten soll vor allem die Vielfalt der Erscheinungsform dieses Flugzeuges – und damit seine facettenreiche Entwicklungsgeschichte – dokumentiert werden. Nicht immer passen deshalb die Textaussagen zu den hier gezeigten Fotos haargenau. Wer mehr über die jeweils gezeigte Maschine erfahren will, kann das sehr leicht anhand der taktischen Nummer und der tabellarischen Übersicht im Anhang der drei Bände „Flugzeuge der DDR" feststellen.

Die Maschine unten, ist offenbar bei einem Staffelaustausch mit polnischen Waffenbrüdern – so die damalige Lesart – fotografiert worden. Dergleichen hatte es schon immer gegeben, siehe auch Foto der MiG-17F auf Seite 70 unten. Die ´983´ ist eine MiG-21PFM, der SPS-K-Version, vgl. dazu auch die Ausführungen in den genannten Bänden.

Jagdflugzeuge 53

In der abgespeckten Exportversion MiG-21M (Typ 96) des Flugzeugwerkes „Znamia Truda" in Moskau war man auf das ältere R-11-Triebwerk nebst RP-21-Radar sowie das ASP-5ND-Visier zurück gekommen. Die DDR beschaffte zunächst 87 dieser MiG-21M, von denen die ersten ab November/Dezember 1968 und die letzten im Oktober 1970 bei der NVA eintrafen. Ihre Hauptmerkmale waren ein durchgehend erhöhter Rumpftunnel, vier Außenlastpunkte unter den Tragflächen, eine fest eingebaute, doppelläufige 23-mm-Kanone, ein Zweikanal-Autopilot AP-155 und andere technische Feinheiten. Die fortschrittlichen technischen Merkmale der letzten Vorgängergenerationen, wie SPS-System, Datenübertragungsanlage Lasur und Anbringungsmöglichkeit für Starthilfsraketen SPRD-99, blieben erhalten. Insgesamt hatte die DDR von dieser dritten Generation der Mikojan Gurewitsch MiG-21M/ -21MF/ -21bis/ -21UM 232 Maschinen (vgl. Band III) in Dienst. Sie waren von 1968 bis zur Auflösung der NVA im Jahre 1990 im Einsatz. Ab 1972 stand mit der MiG-21MF (Typ 96F) eine neue Variante der dritten MiG-Generation zur Verfügung. Diese Maschinen hatten standardmäßig das stärkere Triebwerk R-13-300 und konnten einige leistungsmäßige Nachteile der M weitgehend kompensieren. Die MiG-21MF-Version verfügte ebenfalls über verbesserte Radar- und Visieranlagen. Sie war übrigens die erste Version, die von vornherein mit Periskop und Abweiserblechen ausgestattet wurde. Ebenso hatte die MiG-21MF als erste MiG-Version schon ab Werk Tarnanstrich, weshalb die Soldaten das MF als „Mit Farbe" übersetzten. Insgesamt übernahm die DDR 62 Flugzeuge dieser Version für ihre Streitkräfte.

Ab 1964 nahmen in den LSK/LV die MiG-21 der 2. Generation ihren Dienst auf. Nach und nach kamen insgesamt 204 Exemplare dieser Versionen in die Einheiten der DDR-Luftstreitkräfte. Dazu zählten 53 Mikojan-Gurewitsch MiG-21PF, insgesamt 134 MiG-21PFM/SPS und 17 Übungsjagdflugzeuge Mikojan-Gurewitsch MiG-21US. Diese sind im Band II der Reihe „Flugzeuge in der DDR" ausgiebig beschrieben. Sie konnten durch den Einbau eines Funkmessvisiers RP-21 Saphir nun zu jeder Tageszeit, unter schwierigen Witterungsbedingungen und auch in den Wolken handeln. Hauptwaffen waren die Infrarot-Luft-Luft-Raketen R-3S oder radargeleitete RS-2US; allerdings gab es keine Bordkanonen mehr. Ein schubstärkeres Triebwerk brachte bessere Flugleistungen, und die Kraftstoffkapazität wurde um 270 Liter erhöht. Die MiG-21PF trafen 1964 in der DDR ein. Achtung: In den LSK/LV der NVA kam es in dieser Zeit zu einer von der offiziellen Typenbezeichnung abweichenden Sprachregelung. Flugzeuge der neueren Serien nannte man in der NVA bereits MiG-21PFM, obwohl diese Bezeichnung offiziell erst für die nächste Version Typ/Isdelie 94 galt. In vielen zeitgenössischen DDR-Texten steht also immer MiG-21PFM, wenn die PF gemeint ist. Erst 1987/88 stellte man die letzten verbliebenen MiG-21PF außer Dienst. Die „echte" MiG-21PFM Typ 94 mit SPS-System wurde als nächstes in die Bewaffnung der LSK/LV aufgenommen. Die sich nach vorn öffnende Kabinenhaube gab es nicht mehr.

Der neue Katapultsitz KM-1, mit verbesserten Ausschussparametern, erforderte ein konventionelles, zur Seite aufklappbares Dach mit festem Frontteil. Das Seitenleitwerk erhielt eine und der Bremsschirm bekam seinen Platz über dem Schubrohr in einem tropfenförmigen Behälter. Auch ein verbessertes Funkmessvisier RP-21M kam zum Einsatz. Der entscheidende Fortschritt jedoch lag in der Einführung des SPS-Systems. Damit wurde Zapfluft aus dem Verdichter des Triebwerkes über die ausgefahrenen Landeklappen geblasen und so deren Wirksamkeit im Anflug erhöht. Die Landegeschwindigkeit verringerte sich dadurch um 40 km/h, was von allen Piloten sehr geschätzt wurde. Im Zeitraum 1966/67 kamen 82 MiG-21SPS in den Bestand der LSK/LV. Als erste MiG-21 Version konnte der Typ 94 mit zwei Feststoff-Starthilfsraketen SPRD-99 ausgestattet werden.

Jagdflugzeuge 55

Ältere MiG-21-Versionen gelangten in die Jagdfliegerausbildungsgeschwader (JAG/FAG) oder als Lehrmittel an die entsprechenden Lehreinrichtungen. Hier sind u.a. einige Fotos von der Militärtechnischen Schule der LSK/LV in Bad Düben zu sehen. Die MiGs dienten hier der Ausbildung von Unteroffizieren.

56   Jagdflugzeuge

Während die hier geschobene ´935´ eine normale SPS ist, gehört die ´589´ bereits zur K - Kanonenbaureihe. Das Foto einer „mit Farbe" MF (unten) ist insofern interessant, da es sich um die originale Lieferbemalung handelt.

Jagdflugzeuge 57

Auf Grund von Kriegserfahrungen in Nahost und Vietnam schaffte man für die MiG-21PFM/SPS mitten in der Serie die Möglichkeit, einen Container GP-9 mit einer 23-mm-Zwillingskanone einschließlich 200 Schuss Munition unter dem Rumpf zu installieren. 52 Maschinen wie die z.B. links gezeigten ´441´ und ´484´ kamen 1967/1968 zur NVA und wurden dort intern als SPS-K bezeichnet. Hier sind die Maschinen am 30. Juli 1981 beim Landeanflug in Cottbus abgelichtet. Der Fotograf in der Einflugschneise hatte deswegen später reichlich Ärger. Insgesamt gab es 134 MiG-21 vom Typ 94, also SPS und SPS-K, in den LSK/LV – die entsprechenden Übersichten mit den Lebensläufen der hier abgebildeten Maschinen finden sich im Tabellenteil von Band II. Das Cockpitfoto ist ebenfalls von einer SPS-K.

58 Jagdflugzeuge

Jagdflugzeuge 59

60 Jagdflugzeuge

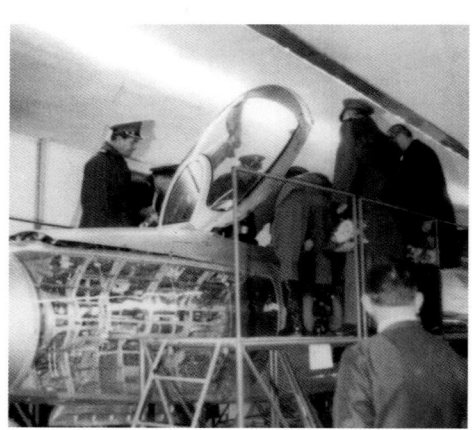

Die ersten Flugzeuge MiG-21F-13 (vgl. auch DDR-Flugzeuge Band I/ab Seite 70) trafen ab April/Mai 1962 in der DDR ein, und bis Ende des Jahres erhöhte sich deren Anzahl auf 24 Stück. Weitere 30 Maschinen folgten 1963, und 1964 kamen nochmals 22 Maschinen für das JG-8 und JG-9 hinzu. Ab 1964 erfolgte schon der Zulauf der MiG-21 der nächsten Generation PF bzw. ab 1966 der Version MiG-21PFM/SPS. So gelangten ab 1964 bereits F-13-Maschinen an das Schulgeschwader JAG-15. Da insgesamt mit diesem ersten Mach-2-Leichtbaujäger der Sowjetunion technisches Neuland betreten wurde, gab es viele technische Mängel. So bereitete das Triebwerk Tumanski R-11 F-300 durch mangelnde Turbinenkühlung ständig Probleme. Beim Raketenschießen ging es oft aus und musste in der Luft wieder angelassen werden. Von den insgesamt 121 NVA MiG-21 der 1. Generation, also F-13, U-400 und -600, sind 39 Maschinen durch Unfälle verloren gegangen.

Achtung! Hinweis für Retusche
— Taktische Zeichen abdecken!
— Sonstige:

links: Stempel von der Fotorückseite

62   Jagdflugzeuge

Das Foto mit der martialisch ausgelegten MiG-21F-13-Bewaffnung wurde zu DDR-Zeiten nie veröffentlicht. Es war wohl nur zum Eindruck schinden bei den eigenen Genossen gedacht, denn die Maschine hatte nur eine Waffenzuladung von 1000 kg. So liegen gleich vorn vier (!) Kampfsätze mit je 42 Splitter-Spreng- und 18 Panzer-Brandgeschossen für die Bordkanone NR-30. In der zweiten Reihe liegen insgesamt 64 ungelenkte 50-mm-Raketen S-5M/K. Sie passen in die vier UB-16-57UM/bzw. MARS-2-Behälter dahinter. In der Mitte liegen vier sogenannte Schreiberraketen R-3U für Simulations- und Aufzeichnungszwecke, sowie vier 250-kg-Bomben des Typs OFAB-250-270. Es gab an der F-13 jedoch nur zwei Waffenstationen an den Tragflächen. Am Rumpfträger konnte noch ein Treibstoffzusatzbehälter für 490 Liter befestigt werden – in der hinteren Reihe liegen gleich vier Stück davon. Ebensoviele Luftkampfraketen R-3S liegen ganz außen. Zwischen den Zusatztanks liegen noch Köderraketen R-3P. Die vier Luft-Luft-Raketen RS-2U in der Reihe davor gehören mangels Funkmeßvisier überhaupt nicht zur F-13-Bewaffnung.

Jagdflugzeuge   **63**

Als Schulflugzeug für die MiG-21PF-Versionen wurde zunächst noch die doppelsitzige MiG-21U-400/600 (auch Typ 66; siehe Band I) verwendet. Ab Ende 1968 kam für die neueren SPS-Versionen die MiG-21US in der NVA zum Einsatz. Diese vom Hersteller als Typ 68 bezeichneten Flugzeuge hatten das gleiche SPS-System wie die Einsitzer und waren mit den verbesserten Katapultsitzen KM-1 ausgerüstet. Das Dach der hinteren Kabine hatte einen nicht verglasten Streifen mit einem Periskopspiegel. Dieser fuhr gleichzeitig mit dem Fahrwerk aus und verbesserte die Sicht vom hinteren Sitz nach vorn. Zu der dritten Generation MiG-21 gehörten die Schuldoppelsitzer MiG-21UM (Typ 69), in der NVA auch als MiG-21USM bezeichnet. 37 Exemplare von diesen Flugzeugen kamen von 1971 bis 1978 zu den LSK/LV der NVA. Die UM glichen im wesentlichen ihrem Vorgänger. Sie hatten aber den neuen Autopiloten AP-155, das Periskop über der hinteren Kabine war von vornherein vorhanden, und die UKW-Antenne war als Blattantenne auf dem Rumpfrücken angebracht.

64 Jagdflugzeuge

Die höchstentwickelte Variante der MiG-21 kam 1972 in Form der MiG-21bis (Typ 75) als sogenannte vierte Generation in die Produktion. Obwohl in der Grundauslegung und in der äußerlichen Erscheinung den Vorgängern gleichend, stellt die „bis" doch ein völlig neues Flugzeug dar. Das Kraftstoffsystem und die Zelle, letztere unter Verwendung von neuen und leichten Werkstoffen, wie z.B. Titan, wurden total überarbeitet. Die Konstrukteure hatten die MiG-21bis jetzt für Luftkämpfe in niedrigen bis mittleren Höhen optimiert. Das neue Triebwerk R-25-300 erhielt dazu ein sogenanntes Sonderregime. Dieses war im Höhenbereich von 0 bis 4000 Metern nutzbar und verlieh der „bis" eine maximale Steiggeschwindigkeit von bis zu 225 Metern je Sekunde! Das neue Radar RP-22 mit auf 30 Kilometer Reichweite erhöhtem Übersichtsbetrieb, konnte bei fixiertem Strahl im Zusammenwirken mit dem optischen Visier auch zum Bekämpfen von Erdzielen eingesetzt werden. Weitere technische Einzelheiten zur MiG-21bis können Sie dem Band III von Flugzeuge der DDR entnehmen. Dort sind auch alle hier abgebildeten Maschinen tabellarisch an Hand ihrer takt. Nummern erfasst und die jeweiligen Besonderheiten vermerkt.

Jagdflugzeuge **65**

Bereits im August 1952 hatten die sowjetischen Luftstreitkräfte in der DDR fünf abgeschriebene MiG-15 an VP-Luft in Kamenz zur praktischen Ausbildung der ersten Flugzeugtechniker und -mechaniker übergeben. Am 28. Juni 1956 landeten beim JG-1 in Cottbus die ersten fünf Strahlflugzeugen MiG-15bis für die Luftstreitkräfte der NVA. Die Flugzeuge kamen aus der CSSR, wo die MiG-15 seit 1953 in Lizenz hergestellt wurde. Die tschechoslowakische Bezeichnung S-103 für die MiG-15bis wurde in der NVA übrigens nie verwendet. Später folgten auch Maschinen aus UdSSR-Produktion. Mit Hilfe der ebenfalls ab 1956 gelieferten doppelsitzigen Übungsjagdflugzeuge MiG-15UTI schulte man in allen Geschwadern nun auf Strahlflugzeuge um.

Nach der Übernahme der Strahltrainer L-29 Delfin und der MiG-21 als Übungsjagdflugzeuge verschwanden die MiG-15bis Einsitzer 1964/65 aus dem Bestand der Ausbildungsgeschwader.

Ebenfalls aus tschechoslowakischer Produktion (CS-102) stammten die Mehrzahl der rund 80 (vgl. Tabellen in Band I) NVA-Doppelsitzer MiG-15UTI. MiG-15UTI gab es in weit größerer Zahl als Einsitzer in den LSK/LV. Grund war, dass für die Nachfolgejäger MiG-17 und MiG-19 keine Doppelsitzer als Schulversionen verfügbar waren. Eine letzte UTI von insgesamt rund 130 beschafften MiG-15 diente der VEB Flugzeugwerft Dresden - FWD (2) - als Wetter- und Werksflugzeug sogar noch bis 1990.

Jagdflugzeuge 67

68 Jagdflugzeuge

Im Oktober 1956 hatte die polnische Industrie mit dem Lizenzbau der MiG-17F begonnen. Erster Exportkunde des Werks WKS in Mielec (WSK = Wytwornia Sprzetu Komunikacyjnego) wurde die DDR. Die Lieferungen der sechsten bis neunten Serie gingen von Juni 1957 bis April 1958 dorthin. Innerhalb von wenigen Monaten hatte man alle sechs Jagdgeschwader der LSK/LV mit diesem Flugzeug ausgerüstet. Dabei waren auch einige Maschinen aus der Sowjetunion ohne Nachbrennertriebwerk. Diese Flugzeuge – hier z.B. die ´589´ – wurden im NVA-Sprachgebrauch als MiG-17-glatt oder „glatte" MiG-17 bezeichnet. Übrigens hat man die polnische Bezeichnung Lim-5/Lim-5P, für die in Polen produzierten MiG-17F/MiG-17PF, in der DDR nie verwendet. Die MiG-17F eigneten sich dank ihrer starken Kanonenbewaffnung auch gut zum Bekämpfen von Erdzielen. Ab 1959 wurde die MiG-17F auch im Ausbildungsgeschwader JAG-15 geflogen. Ende 1960 kam es noch einmal zu einer größeren Zuführungsaktion von gebrauchten MiG-17 aus dem Bestand der Sowjetischen Streitkräfte, so dass die NVA insgesamt etwa 230 MiG-17-Maschinen in ihren Diensten hatte.

Jagdflugzeuge

70 Jagdflugzeuge

Jagdflugzeuge 71

Im polnischen Flugzeugwerk WSK Mielec wurden ab Januar 1959 die Lizenzproduktion der MiG-17PF als Lim-5P aufgenommen. Gleich aus den ersten drei Serien erhielt die DDR von Januar bis Mai 1959 insgesamt 40 Maschinen, die in den Geschwadern JG-1, JG-2 und JG-9 eingesetzt wurden. Für das Abfangen von Luftzielen am Tage und in der Nacht unter einfachen Wetterbedingungen war man mit der MiG-17 nun sehr gut ausgerüstet und zeigte dies auch in einer Reihe von Fotoreports aus den LSK/LV. Um Ziele auch in den Wolken oder in mondlosen Nächten abzufangen, hatte die Version MiG-17PF im Rumpfbug das Funkmessgerät RP-1. Zur Masseneinsparung ersetzte man die 37-mm-Bordkanone N-37D durch eine weitere NR-23 mir einem Kaliber von 23 mm. Trotzdem wog die Maschine rund 280 kg mehr, die Flugleistungen waren dadurch etwas schlechter.

72 Jagdflugzeuge

Jagdflugzeuge 73

74 Jagdflugzeuge

Jagdflugzeuge **75**

1958 entschied sich die politische und militärische Führung, das erste Überschallkampfflugzeug für die NVA Luftstreitkräfte/Luftverteidigung der DDR einzuführen. Es war geplant zwei Geschwader, das JG-3 und das JG-8, mit der MiG-19 auszurüsten. Da die Produktion der MiG-19 in der UdSSR bereits Ende 1957 eingestellt worden war und die Umstellung auf die MiG-21 begonnen hatte, handelte es sich bei den in die DDR zu liefernden Maschinen um Flugzeuge aus dem Bestand der sowjetischen Luftstreitkräfte. Der Vertrag, der am 5. September 1958 unterzeichnet wurde, sah für 12 MiG-19S einen Preis von 15,57 Millionen und für 12 MiG-19PM die Zahlung von 17,25 Millionen Mark vor. Die 12 Tagjäger mit 30-mm-Kanonenbewaffnung MiG-19S wiesen einen unterschiedlichen Modifikationsstand auf. Manche hatten noch einen kurzen Vorkiel vor der Seitenflosse, andere schon einen längeren. An den Tragflächennasenkanten hatten sie je einen Waffenpylon für Werfer ORO-57K zu je acht ungelenkten 57-mm-Raketen S-5 oder für 50-kg-Bomben. Diese Form der Pylone gab es bei sowjetischen Serienmaschinen übrigens nicht. Die 12 Allwetterjäger MiG-19PM waren mit dem Funkmessvisier RP-2U

Jagdflugzeuge

und vier Aufhängungen für RS-2U, leitstrahlgelenkte Luft-Luft Raketen, ausgerüstet. Die 1.Staffel des JG-3 erhielt die MiG-19S und die 2.Staffel die MiG-19PM, während die 3.Staffel weiter die MiG-17PF flog. Der geringe Klarstand bei der 2. Staffel und der Verlust von bis dato fünf Maschinen, meist wegen Triebwerksbrand, konnte trotz der allgemein strengen militärischen Geheimhaltung nicht verschwiegen werden. Es gab ständig Schwierigkeiten mit der Funkmessausrüstung und Beschaffungsprobleme bei Ersatzteilen. Das führte zu einer geringen Einsatzbereitschaft der MiG-19PM. Da schon die MiG-21F-13 verfügbar war, verzichtete man darauf, noch ein zweites Geschwader mit MiG-19 auszurüsten. Am 1. September 1963 wurden im JG-3 alle verbliebenen MiG-19S und MiG-19PM in einer Staffel zusammen gefasst. Die beiden anderen Staffeln flogen dann schon MiG-21F-13. Im Mai 1969 stellte man alle noch verbliebenen MiG-19 außer Dienst. Trotz der nicht gerade großen Verbreitung des Musters sind noch bis heute zwei Museums- bzw. Traditionsmaschinen erhalten geblieben.

Jagdflugzeuge

Die MiG-29 (Erstflug des Prototypen am 6. Oktober 1977) galt in den 80er Jahren und Anfang der 90er als eines der leistungsfähigsten und modernsten Jagdflug-zeuge der Welt. Dank ihrer „integrierten Aerodynamik", bei der Rumpf und Tragwerk eine aerodynamisch geformte Einheit bilden, dem hervorragenden Triebwerk RD-33 und dem Schub - Masse Verhältnis von 1,2:1, stieg die MiG-29 schneller, wendete enger und beschleunigte besser als alle westlichen Typen zu dieser Zeit. Ab März 1988 bis Januar 1989 erfolgte dann die Zuführung von 20 Einsitzern und vier Schuldoppel-sitzern. Der Anschaffungspreis lag bei 12 Mio. Rubel pro Flugzeug. Die Maschinen wurden der 1. und 2. Staffel des Geschwaders zugeordnet, die dafür ihre MiG-21MF an das JG-1 abgaben. Die Beschaffung von weiteren 30 MiG-29 und die Ausrüstung weiterer Einheiten mit dem neuen Flugzeugtyp war vorgesehen. Nachdem Umschu-lung und Ausbildung auf dem neuen Flugzeugtyp angelaufen waren, gab es den ersten Flugdienst mit MiG-29 im JG-3 am 3. Mai 1988. Gleich danach erfolgte aus Anlass eines Besuches des sowjetischen Verteidigungsministers in der DDR, erstmals eine

78   Jagdflugzeuge

Vorführung einer MiG-29 der NVA. Der Öffentlichkeit präsentierte man Fotos von MiG-29 mit DDR-Hoheitszeichen erst ab Mitte 1989. Die NVA-Version der MiG-29 war hauptsächlich als Jagdflugzeug vorgesehen. Deren radargelenkte Luftkampfraketen R-27 waren neu in der Bewaffnung und die Nahluft-kampfraketen R-73 sowie Lenkflugkörper R-60MK konnten mit dem Helmvisier auf ein Ziel zugewiesen werden. Für Luftkämpfe auf kürzeste Distanz hatte die MiG-29 eine Kanone von Grjasew-Schipunow des Typs GSch-30-I mit einem Kaliber von 30 mm. Alles in allem absolvierten die MiG-29 bei der NVA rund 4000 Flugstunden, dann führten die bekannten politischen Ereignisse zum Ende der DDR und ihrer NVA. Am 27.September 1990 gab es den letzten Flugbetrieb beim JG-3 mit MiG-29. Alle 20 MiG-29A und die vier MiG-29UB gingen in den Bestand der Bundeswehr über. Sie wurden für die Luftwaffe als MiG-29G bzw. GT (Doppelsitzer) modifiziert und derzeitig werden sie an den NATO-Partner Polen abgegeben.

Jagdflugzeuge 79

Trainer

Die VP-Luft hatte bis 1956 über 100 Maschinen des Schul- und Übungsjagdflugzeuges Jak-11 beschafft. Davon wurden noch 99 am 1. März 1956 in den Erstbestand der Luftstreitkräfte der NVA eingebracht. Gleichzeitig waren diese Jak-11 auch die ersten Kampfflugzeuge der NVA. 1956/57 standen immer zwei Jak-11 in Startbereitschaft als sogenannte Einsatz-kräfte. Sie hatten die Aufgabe, mit ihren 12,7-mm-MG in Westdeutschland gestartete Ballons mit Propagandamaterial „abzufangen", d.h. abzuschießen. Besonders beim Landeanflug kam es mit dieser Maschine jedoch immer wieder zu Unglücksfällen mit Personenschäden. Ursache für Explosionen waren mangelhafte Dichtungen in den Kraftstoffleitungen. Der vergasende Leckkraftstoff entzündete sich an den heißen Abgasrohren, die in der sowjetischen Originalausführung durch das Brandschott über den Besatzungsraum nach außen geführt wurden. Im Wartungswerk der Jak-Flugzeuge, dem VEB Maschinen- und Apparate-bau Schkeuditz (MAB - Werk 805), erfolgte deshalb eine konstruktive Änderung der Abgasrohre. Sie wurden jetzt senkrecht zwischen dem mittleren und hinteren Verschluss der Triebwerksverkleidung durch diese hindurch direkt nach außen geführt (siehe Bilder auf der rechten Seite). Damit lagen sie vor dem Brandschott. Die Triebwerksverkleidung wurde dafür entsprechend ausgespart. Auch die Vorführmaschine in roter Farbgebung und weißem Blitz des Major Seppel wurde so umgerüstet. Das Farbfoto oben rechts zeigt das Schul- und Übungsjagdflugzeug Jakowlew Jak-11 mit der takt. Nr. 225 aus der Sammlung des Luftwaffenmuseums in Berlin-Gatow. Es hat ebenfalls die geänderte Abgasführung. Zu den anderen auf den Fotos gezeigten Maschinen ist außer der Einheitenzuordnung (vgl. die Tabellen im Band I) nichts weiter bekannt.

Trainer 81

Die als Aeroklubs getarnten Einheiten der VP-Luft erhielten zunächst 37 Maschinen dieses damals sehr modernen Schulflugzeuges vom Typ Jakowlew Jak-18. Man kennzeichnete die Flugzeuge damals mit dem roten Stern, da Motorflugzeuge laut den Vorschriften der Siegermächte in Deutschland noch nicht betrieben werden durften. Oben hat die spätere DM-WBM noch den Sowjetstern und die takt. Nr. 01 der VP-Luft als Kennung. Als Gründungsbestand gehörten sie 1956 zu den LSK/LV der NVA (Fotos re. oben). Bereits 1957 wurden sie durch das Nachfolgemuster mit Bugradfahrwerk Jak-18U abgelöst. Die Einzelverkleidung der Zylinder blieb aber bei dieser Ausführung noch erhalten. Die vormilitärische Wehrsportorganisation GST nutzte diese, mit zivilen Kennzeichen versehenen Maschinen weiter. Hier die DM-WBE und -WBF nach der Übernahme durch die GST in Schönhagen. Teilweise behielten sie ihre grüne Tarnbemalung, manchmal bekamen sie auch neue silbergraue Anstriche, wie unten zu sehen.

82 Trainer

„BV auf dem GST - Flugplatz Zwickau am 9. August 1972". Während des Motorflugschulbetriebs auf dem GST-Flugplatz in Zwickau kam es am 9. August 1972 zu einem „Besonderen Vorkommnis" (damals BV genannt) mit dieser Jak-18A, Zulassungs-Kennzeichen DM-WFM: Beim Platzrundenschulbetrieb war vor allem das Landen zu üben. Der Flugschüler der Maschine verstand es jedoch noch nicht, das Aufschweben des Flugzeuges nach dem Abfangen zu verhindern. Nach mehreren Landungen verlor der Fluglehrer schließlich die Geduld und drückte, als die Maschine gerade bei einer Landung wieder aufschwebte, selbst den Steuerknüppel energisch nach vorn. Durch diese pädagogisch unkluge Handlungsweise und einen noch folgenden groben Steuerfehler des Fluglehrers, setzte das Flugzeug zuerst hart mit dem Bugfahrwerk auf. Das Bugrad der Jak-18A knickte ein, und es kam außerdem zu einer Zerstörung der Verstell-Luftschraube. Personenschäden gab es bei diesem Unfall glücklicherweise nicht. Das Flugzeug konnte wieder repariert werden, wurde allerdings bereits am 1. Dezember 1972 aus dem Luftfahrzeugregister gelöscht.

Trainer **83**

Um das höhere Gewicht der Bugfahrwerksanlage des Vorgängermusters auszugleichen, war ab 1957 die Weiterentwicklung als Jak-18A mit einem stärkeren Neunzylinder AI-14R-Triebwerk von 190 kW, verfeinerter Aerodynamik und verbesserter Ausrüstung erhältlich. Sie war in allen Leistungsparametern der Vorgängerversionen überlegen und außerdem jetzt zur Nachtflugausbildung mit dem verbesserten Kunstflughorizont AGI-1 zugelassen.

Lange war das Farbschema der oben abgebildeten DM-WFN unklar, da nur Fotos in schwarz-weiß vorlagen. Hier steht diese Maschine 1964 zum Großflugtag auf dem Verkehrsflughafen Erfurt-Bindersleben anlässlich einer Meisterschaft im Motorkunstflug. Später gelangte sie nach Schönhagen und wurde von da im Herbst 1967 als erstes Flugzeug nach Gera für die 1968 dort beginnende Motorflugausbildung überführt. Zu dem Zeitpunkt war sie wahrscheinlich wieder dem Einheitsgrün der anderen Flugzeuge angepasst. Die hier gezeigte Farbvariante war offenbar ein Erprobungsschema für die später in Zwickau ansässige Kunstflugstaffel. Das Foto von der grünen DM-WGK(1) ist auf dem Flugplatz Zwickau offenbar vor 1973 gemacht worden.

Die Jak-18A DM-WFP (unten) flog bis etwa 1970 für die Zwickauer Kunstflugstaffel im Viererverband. Danach machte man mit zwei Maschinen kurzzeitig noch weiter. Fünf Flugzeuge, WFO, -P, -R, -Z und WGA, trugen diese Lackierung. Hans Klecha, Pilot des Verbandes und teilweise Staffelführer, hatte sie 1967 in Dresden aufgebracht bzw. aufbringen lassen. Während der Zeit der Kunstflugstaffel und auch nach 1970 waren die Flugzeuge im ganz normalen Schulungsbetrieb in Zwickau integriert, wie auf dem Foto zu sehen. So waren sie dem Verschleiß und auch der Verwitterung preisgegeben. Die ursprünglich dunkelblauen Kenner aller Maschinen blichen immer mehr zu einem hellblau aus. Einen der letzten großen Auftritte hatten zwei dieser „bunten Kühe" innerhalb eines 16er-Verbandes zum Großflugtag in Magdeburg 1975.

84 Trainer

Die Luftstreitkräfte der DDR führten ab August 1959 insgesamt 62 Schulflugzeuge Jak-18A ein. Ab Anfang der 60er Jahre begann man die Pilotenausbildung umzustrukturieren. Die fliegerische Grundausbildung auf Kolbenmotorflugzeugen wurde nunmehr in die vormilitärische Wehrsportorganisation GST (Gesellschaft für Sport und Technik) verlagert. So gab auch die NVA gleich 16 der neuen Jak-18A sofort an die GST weiter. Dort dienten sie zusammen mit den schon vorher von den Luftstreitkräften übernommenen Jak-18U zur Ausbildung von Offiziersbewerbern in der Militärfliegerlaufbahn. Die bei der NVA als Verbindungsflugzeuge verbliebenen Maschinen trugen weiter ein schlichtes Militärgrün, so wie diese in Berlin-Schönefeld fotografierte ´Schwarze 11´, die vorher ihre besondere Geschichte hatte: Als Maschine der VFK der 1.LVD in Cottbus sollte sie im Februar 1970 mit Oberstleutnant Siewert vom Stab der 1.LVD als FF und dem Leiter des Gefechtsstandes des JG-1 aus Kolkwitz als Passagier zum JG-8 nach Marxwalde fliegen. Noch während der Übernahmephase des Flugzeuges, als der FF Siewert im Gebäude der Verbindungsfliegerkette und des technischen Personals die Flugzeugdokumentation unterschrieb, wurde plötzlich das Triebwerk der Jak-18A angelassen. Mit halsbrecherischer Geschwindigkeit rollte die ´11´ mit dem Passagier, der nun am Steuer saß, an dem verblüfften Piloten Siewert sowie dem technischen Personal vorbei auf die angrenzende Ringrollbahn, erhöhte die Geschwindigkeit, hob ab, fuhr sofort das Fahrwerk ein und drehte in Richtung Nord. Am Abend hörte man im „Feindsender" Deutschlandfunk, dass die ´11´ nach Bornholm geflogen und so ihre Flucht aus dem DDR-Luftraum geglückt war. Dieses Unterfangen war im Blick auf die schlechte Sicht an diesem kalten Morgen und der Gewissheit, als Offizier und Geheimnisträger „Republikflucht" begangen zu haben, was bei einem Scheitern keine Gnade gefunden hätte, eine große fliegerische Leistung.

Nach diesem besonderen Vorkommnis hat man den gesamten Dienstablauf geändert und später die berühmte „Bornholmsicherung" eingeführt. Nach etwa vier Wochen wurde die Jak-18A von einem Interflug-Piloten zurückgeflogen. Bei einer anschließenden Sonderkontrolle der Jak-18A wurde nach Öffnen der linken Rumpfverkleidung mit großem Erstaunen festgestellt, dass eine längere, feingliedrige Kette auf der linken Seite zwischen Gasgestängehebel und Luftschraubenverstellhebel lag. Über die zweifelhafte Aufgabe dieser Kette wurde beim technischen Personal noch lange diskutiert, und der Interflug-Pilot hatte sicherlich Glück, wieder unbeschadet in Cottbus gelandet zu sein.

Trainer 85

Im Band II konnten wir lediglich ein modernes Instrumentenbrett einer Zlin veröffentlichen. Hier ist nun die Originalausführung für die ab 1971 in 65 Exemplaren für die Pilotenausbildung bei der GST beschaffte Maschine zu sehen. Die Unterscheidungsmerkmale der einzelnen Versionen sind dort klar beschrieben. Unten ist die Z-42M DDR-WOE bei einer Werbeveranstaltung für die GST-Militärflugausbildung in Berlin-Friedrichshain zu sehen.

Das große Foto rechts unten ist besonders interessant. Es zeigt die Ankunft von überholten oder im Ausland gewesenen Maschinen auf dem Zentralflughafen Berlin-Schönefeld, um die notwendigen Zollformalitäten zu erledigen. Die WKT hat hier noch ihre erste Lackierung von 1970. Eine spätere AFS ist auch schon mit dabei, deshalb ist das Foto vermutlich 1973 entstanden. Die Leitwerksübergänge an den Z-42 sind auch noch nicht zur Version MU umgebaut. Die ZLIN 42-Schriftzüge am Leitwerk sind noch die ersten, und alle Maschinen haben noch Holzluftschrauben, die von hinten teilweise schwarze Lackierungen haben. Ebenfalls sind an einigen der Z-42 farbige Kontrastflächen zu sehen. Sie waren normalerweise in rot, lediglich die WMF (hier ersichtlich?) soll mal ein blaues Seitenruder gehabt haben. Diese Lackierungen verschwanden dann im Laufe der Jahre wieder. Manchmal waren bloß die Seitenruder oder Randbögen, an anderen Zlins auch Tragflächen-Vorderkanten mit lackiert worden. Zur Zeit ist noch unklar, ob dies Zufall war, oder ob ein System dahinter steckte. Viele der hier zu sehenden Maschinen fliegen jedenfalls noch heute. Die WMP zum Beispiel beim FSC in Neuhausen bei Cottbus.

86   Trainer

Trainer **87**

1980/1981 erhielt die ZDK-33 (Zieldarstellungskette 33) zwei Maschinen der speziellen Schleppversion L-39V (´170´ unten und ´171´ oben) des Strahltrainers L-39 von Aero Vodochody aus der ČSSR. Diese waren für das Schleppen eines wiederverwendbaren Hochgeschwindigkeitsschleppziels vom Typ KT-04 eingerichtet, das ebenfalls aus ČSSR-Produktion stammte. Dazu war in der hinteren Kabine eine Seiltrommel mit 1700 Meter Stahlseil und unter dem Rumpf eine Staudruckturbine zum Ein- und Ausfahren des Seiles installiert. Die Maschine rechts gehörte in Bautzen zum Jagdfliegerausbildungsgeschwader JAG-25, das im November 1986 in Fliegerausbildungsgeschwader FAG-25 umbenannt wurde. Das ungewöhnliche Cockpit-Foto rechts war möglich, weil der Schleudersitz dieser ´147´ gezogen war - siehe auch Foto auf Seite 94 unten.

Trainer

Die Albatros-Flugzeuge der NVA gehörten zur Version L-39ZO, die im Unterschied zur Version L-39ZA keine Kanonengondel unter dem Rumpf hatte. Die NVA-Maschinen dienten zur Ausbildung von Militärflugzeugführern der Ausbildungsrichtung Jagd/Jagdbombenflieger in deren ersten beiden Studienjahren, die zuvor bei der vormilitärischen Organisation GST eine Segelflug- oder eine Motorflug-Grundausbildung erhalten hatten. Obwohl weltweit geschätzt, wurden die verbliebenen L-39 Albatros nach Auflösung der NVA fliegerisch nicht weiterverwendet. Ein großer Teil ging 1993 als Geschenk an die ungarischen Luftstreitkräfte. Die Restlichen wurden über die VEBEG verkauft oder Museumszwecken zugeführt.

Unten bei der '147' wird gerade der Schleudersitz „gezogen".

Wachablösung bei den Schulmaschinen: Vorn stehen Vorgänger vom Typ L-29 Delfin. In der DDR waren von 1963 bis 1980 insgesamt 51 dieser Maschinen im Einsatz. Das untere Foto ist ein „Zensurfoto". Die taktische Nummer ist eingekreist und die Abdeckplanen durchgestrichen. Die entsprechende Arbeitsanweisung steht auf der Rückseite des Fotos, hier links zu sehen. Die Unterschrift des Majors haben wir unkenntlich gemacht.

Links die Albatros mit der taktischen Nummer 200 gehörte übrigens zur ZDK-33 in Peenemünde. Unter der Tragfläche ist die LZA-07 (Luftzielapparatur 07) zu sehen.

Trainer 91

Sport- und Reiseflugzeuge

Diese Zlin Z-226 Trenér 6 mit dem Kennzeichen DM-WIG flog 1975 am Flugplatz Sömmerda. Ansonsten sieht man auf diesen Seiten die Z-226 des bekannten Kunstfliegers Heinz Richter. Diese hatte von Saison zu Saison durchaus optische Unterschiede. Nachdem Heinz Richter ca. 1972 auf die modernere Z-526AFS umgestiegen war, wurde in seine „alte" WEJ wieder die Schleppkupplung eingebaut. Auch sind die nachgerüsteten Flettnerruder entfernt worden, und die WEJ erhielt wieder normale Trimmruder. Die SLI bemängelte 1972 jedoch u.a. den schlechten Farbanstrich des seit ca. 1966 im Strahlenmuster lackierten Tragwerkes. So erhielt sie Mitte der 70er Jahre den - oben als Farbzeichnung - abgebildeten Flächenanstrich. Seitdem bezeichnete man die nun als Schleppflugzeug eingesetzte Maschine gern scherzhaft als "Fliegende Bahnschranke". Die Unterkante dieser rot-weißen Bemalung ist auch auf dem Museumsfoto von Band I auf Seite 106 erkennbar. Das nach der Außerdienststellung gemachte Foto rechts stammt aus den Jahren 1985/86. Auf dem Foto sieht man auf der rechten Seite unten die Maschinen von Heinz Richter und Erwin Bläske 1967 über ihrem Heimat-flugplatz Neuhausen bei Cottbus. Beim Foto darüber zum Flugtag anlässlich der WM im Motorkunstflug 1968 in Magdeburg zeigt sich die WEJ in dem bekannten Strahlenmuster, während ein SG-38 mit einer Rauchpatrone startet.

Sport- und Reiseflugzeuge 93

Die Deutsche Lufthansa in der DDR wollte Flugzeuge für Taxi- und Rundflüge sowohl von den Verkehrsflughäfen, als auch von GST-Flugplätzen einsetzen. Aus diesem Grund kaufte man auf der Leipziger Herbstmesse 1956 zwei Aero-45S.

Im folgenden Jahr kamen noch vier weitere Maschinen dieses Typs hinzu. Die Aero-45S erhielten die Kennzeichnungen DM-SGA bis DM-SGF. Im Flugbuch (vgl. Faksimile) von Horst Koziol, einem der ersten Piloten der Super Aero, taucht neben der SGA und SGC im März die OK-KFM, aber schon am 28. März 1957 und dann folgend die SGD auf. Offenbar ist die DM-SGB als letzte Maschine 1958 geliefert worden.

Im übrigen stellte sich bald heraus, dass der Bedarf falsch eingeschätzt worden war, weil die Bevölkerung kaum die Möglichkeiten hatte, sich solche Flüge zu leisten. Mit 10 000 bis 20 000 Passagieren im Jahr konnte keine wirtschaftliche Auslastung erreicht werden. Obwohl sie in ihren unterschiedlichen Bemalungen (vgl. Fotos) einen schnittigen Eindruck machten, litten die Aero-45 doch an technischen Gebrechen, die im permanenten Flugbetrieb Probleme bereiteten.

Vor allem das Fahrwerk funktionierte nicht immer zuverlässig. Auch zeigte es auf Betonbahnen hohen Verschleiß, was in mindestens einem Fall zu einer Bauchlandung führte.

Ab 1960 entschloss man sich daher, die ungeliebten "Taxis" außer Dienst zu stellen, nachdem zuvor an einen Verkauf an DDR-Großbetriebe gedacht worden war. Lediglich ein Flugzeug konnte nach Kenia veräußert werden, ein anderes kam zum MAB-Schkeuditz. Die restlichen Maschinen mussten die Luftstreitkräfte übernehmen. Die hatten schon die Aero-45 '803' u. '804' in ihrem Bestand - zwei Maschinen, die bereits zu VP-Luft-Zeiten etwa 1954 beschafft wurden.

Von 1964 bis 1965 hatte man die Lufthansa-Aero-45 mit den taktischen Nummern ´541´, ´555´, ´594´, ´746´ sowie ´907´ versehen und sie in den Dienst der Verbindungsfliegerstaffel 25/Strausberg gestellt. Im Zusammenhang mit den Aero-45 gibt es noch einige Unklarheiten, so die Aktivitäten der VP-Luft-Maschinen und der Verbleib der DM-SGF.

Sport- und Reiseflugzeuge 95

96   Sport- und Reiseflugzeuge

Auf der linken Seite sind Zlin Z-43 im Flugbetrieb und bei der Wartung in der Verbindungsfliegerstaffel VF-14 in Strausberg zu sehen.

oben: Dies in Berlin-Schönefeld aufgenommene Foto ist bisher das einzige bekannte der DM-WKJ. Von der DM-WKI gibt es (noch) kein Fotodokument.

Unten ist eine Z-126 der sogenannten Schleppstaffel der VP-Luft in Cottbus, und rechts der Schlepptréner Z-226 des Flugplatzes Burg zu sehen.

Immer wieder gibt es Unklarheiten bei der Zuordnung der Flugzeuge zu den beiden an der TH/TU Dresden angesiedelten Fluggruppen. Deren Aktivitäten erfolgten auf dem Flugplatz Riesa-Canitz, der auch noch vom VEB Apparatebau Lommatzsch und der GST Sektion Meißen genutzt wurde.

Diese GST-Sektion war für alle Studenten der Technischen Universität offen für den Flugsport. Die Gruppe "Wissenschaftliches Fliegen" der Fakultät für Luftfahrtwesen an der TU/TH) diente ausschließlich den Ingenieurstudenten dieser Fakultät. Neben der Ausbildung von Ingenieurpiloten wurden aber auch noch Luftbildvermessung und Messgeräteerprobung durchgeführt sowie andere Forschungszwecke erfüllt.

Im praktischen Flugbetrieb in Riesa-Canitz waren die Eigentumsverhältnisse des Fluggerätes jedoch nicht von Belang. Korrekterweise hier die Angaben aus dem Luftfahrzeugregister der DDR. In diesem sind Halter und Eigentümer bei GST-Flugzeugen durchweg "ZV/GST Eigentum des Volkes" angegeben. Das trifft für die Kabinenmaschine Po-2 DM-WCQ und die Sokol M1D zu. Die beiden Trener 126 DM-WAR und DM-WAQ gehörten jeweils zur TH Dresden, die auch noch Halterin der Po-2 DM-WCR war.

Die beiden unten gezeigten Trener DM-ZZF (links) und DM-ZZH (rechts) gehörten nach ihrem Einsatz bei der VP-Luft dem FWD(1), dem VEB Flugzeug-Werke Dresden.

Sport- und Reiseflugzeuge

98   Sport- und Reiseflugzeuge

Auch auf der linken Seite oben sind noch deutlich die übermalten Sterne sichtbar. Später dann wurden diese Maschinen zivil registriert: DM-WAQ (815), DM-WAR (861), DM-ZZF/-WAZ (834) und DM-ZZH (862) – alles waren ehemals tschechoslowakische Maschinen, vgl. dazu auch die Tabelle. Die späteren Z-126 der DDR wurden ab ca. 1956/57 direkt an die zivilen Halter geliefert. Da jedoch der militärische Außenhandel (ITA) für den Einkauf von Luftfahrzeugen für alle Bedarfsträger verantwortlich war, entsteht der Eindruck, alle Z-126 seien zunächst zur VP-Luft gekommen.

Linke Seite Mitte: Die DM-WCB – ein Tréner 6 – startet hier in Magdeburg nach dem Tanken. Das untere Bild zeigt den F-Schlepp Z-226 und Lom-Meise DM-2157 auf dem Flugplatz Sömmerda 1968.

Lange zog sich bei den Fachleuten, bis hin zum tschechischen Luftfahrtregister, ein Fehler durch die Zlin Z-126-Unterlagen. Erst nach dem Erscheinen des ersten Bandes konnte dieser mit Hilfe von Lesern aufgeklärt werden: Bei den LSK/LV diente nicht das Flugzeug mit der Werk-Nummer (c/n) 816, OK-JHC. Vielmehr fliegt diese Maschine nach einer Restaurierung noch heute mit dem Eigentümer V. Balda und hat nach dessen Auskunft und nach nunmehriger Feststellung der staatlichen tschechischen Luftfahrtbehörde UCL das Land nie verlassen!

Vielmehr kam die Werk-Nummer 861 – vgl. unteres Foto beim Betanken mit einem G-5-Tankwagen – in DDR-Dienste. Ein einfacher Zahlendreher an der späteren DM-WAR bei der GST bzw. der TH Dresden war die Ursache. Es verbleiben also 19 Stück Z-126 als Gesamtanzahl für die DDR, wovon ca. acht bis neun die VP-Luft durchliefen und zunächst mit dem roten Stern und ihrer Baunummer am Rumpf gekennzeichnet waren.

Doch auf Befehl 208/56 des Chefs der LSK wurden schon 1956 die Z-126 ´815´ und genau diese ´861´ an die TH Dresden abgegeben. Dazu hatte man die Sterne übermalt und die Staatsflagge über das ganze Leitwerk angebracht. In diesem Outfit flog – wie das obige Bild zeigt – auch die ´862´ und möglicherweise die ´834´. Letztere kann jedoch auch direkt nach Dresden gekommen sein, da man sie schon am 2. Oktober 1956 zur DM-ZZF für die Luftfahrtindustrie der DDR umregistrierte. Die anderen sechs bis sieben Z-126 blieben dann auch nicht mehr länger im Dienst der Luftstreitkräfte.

Sport- und Reiseflugzeuge

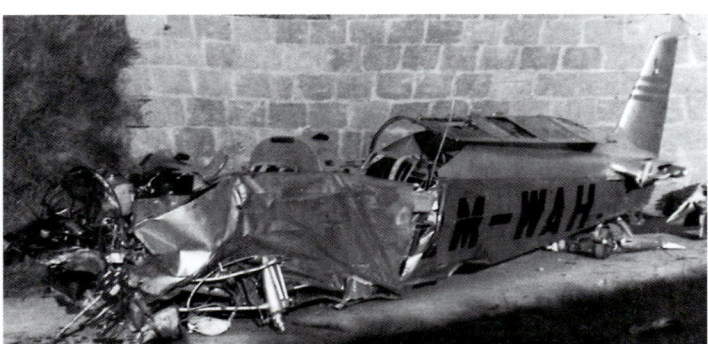

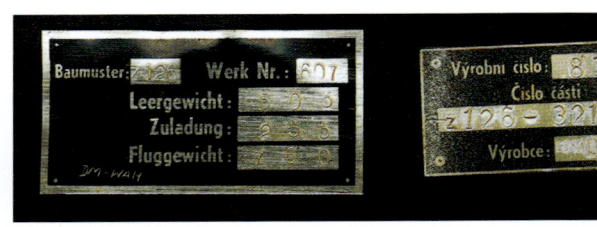

Oben sind die Original-Typenschilder von Flugzeugen Zlin Z - 126 abgebildet. Links das Typenschild des Flugzeuges Zlin Z-126 Werk-Nr. 807, ex VP-Luft ´807´, bei der GST als DM - WAH eingesetzt. Am 30. April 1959 stürzte die WAH in Landerichtung 28 von Erfurt-Bindersleben in die vorgelagerten Gärten. Daraufhin wurde der Motorflugzeugschlepp zunächst in Erfurt durch die GST eingestellt und nur noch Windenschlepp betrieben. Die Reste der Maschine sind links zu sehen. Nach dieser Aufnahme wurde das gezeigte Typenschild entfernt. Im Metall ist die 807 schwach eingestanzt, so dass es fast wie 607 aussieht. Darunter: die DM-WAH noch flugklar auf dem Abstellplatz des Flughafens Erfurt-Bindersleben, der zur damaligen Zeit noch von den Sowjetischen Luftstreitkräften als Flugplatz genutzt wurde. Am Platz hatte man seit dem 11. April 1957 den F-Schlepp mit Z-126 durchgeführt. Das Typenschild rechts stammt von der Zlin Z-126 Werk-Nr. 834. Ex VP-Luft "834" später DM-ZZF bzw. DM-WAZ bei der GST (vgl. Seite 97). Die Nummer ist 321 hinter der Z-126 auf dem Typenschild ist die Zeichnungsnummer, die 4530 ist die des Prüfers in der Werkstatt und HMV bedeutet Moravan.

Z-126 Trener

Takt. Nr.	Reg. Kennz.	in Dienst etwa	Register-eintrag	i.D.für Halter	Werknummer Nr.	umregistriert von	umregistriert auf	umregistriert am	Register-löschung	ex OK-	Bemerkungen/Verbleib
	DM-WAC	1954	25.04.62	GST - Anmerkung #	763				31.05.73	IFY	
	DM-WAD	1954	10.01.57	GST	761				10.09.70	IFU	
	DM-WAE	1954	25.04.62	GST	766				25.09.72	IGA	
	DM-WAF	1955	10.01.57	GST	805				27.02.73	JFR	verschrottet
	DM-WAG	1954	10.01.57	GST	806				10.09.70	IHB	
	DM-WAH	1955	27.02.57	GST	807				06.07.60	JFX	Unfall 30.04.59
	DM-WAI	1955	10.01.57	GST	813				16.08.71	JFN	
	DM-WAJ	1955	10.01.57	GST	814				29.10.60	JFP	nach Unfall
	DM-WAK	1956	10.01.57	GST	842				06.10.65	KEC	
?	DM-WAM	1954	.54	VP-Luft, dann GST	742	?	DM-WAM	21.11.57	04.05.71		zunächst mit Holzleitwerk geflogen
?	DM-WAN	1954	.54	VP-Luft, dann GST	743	?	DM-WAN	08.04.58	17.07.77		verschrottet, zun. mit Holzleitwerk geflogen
?	DM-WAO	1954	.12.54	VP-Luft, dann GST	744	?	DM-WAO	21.05.58	17.07.77		verschrottet, zun. mit Holzleitwerk geflogen
815	DM-WAQ	1955	?	VP-Luft, TH Dresden**, GST	815	815	DM-WAQ	18.02.57	04.05.71	JFO	
861	DM-WAR	1955	?	VP-Luft, TH Dresden, GST	861	861	DM-WAR	04.03.59	10.05.76	JFS	
?	DM-WAX	1955	?	VP-Luft, dann GST	810	?	DM-WAX	01.04.57	17.10.77	JFW	verschrottet
834	DM-ZZF	1955	31.07.57	VP-Luft, FWD(1)***	834	834	DM-ZZF	02.10.56	07.03.62	JGX	
	DM-WAZ		07.03.62	GST	834	DM-ZZF	DM-WAZ	07.03.62	28.09.71		
862	DM-ZZH	1955	03.07.59	VP-Luft (?), FWD(1)	862	862	DM-ZZH	03.12.56	27.01.62	JFT	Halterwechsel 01.11.61 bis 04.08.64 zur NVA
769		1954	?	VP-Luft	769				04.01.56*	IGW	gelöscht nach BV am 04.01.56 in Kamenz
770		1954	01.06.55	VP-Luft	770				29.11.55*	IGX	gelöscht nach BV am 29.11.55 bei Sprotta

* = Unfalldatum;   FWD(1) = VEB Flugzeugwerk Dresden;   **= Zusatz im Original: Institut für Aerodynamik   ***= im Original nur "Flugzeugwerk Dresden"
Anmerkung # = im Original für GST-Flugzeuge durchweg "ZV/GST Eigentum des Volkes"

100   Sport- und Reiseflugzeuge

Die auf dem Farbfoto gezeigte Zlin Z-226 Trenér 6 mit dem Kennzeichen DM-WEE flog im August 1963 hier noch auf dem Flugplatz Sömmerda. Bei einem unerlaubten Tiefflug in der Nähe des Flughafens Erfurt-Bindersleben wurde sie ein Jahr später infolge Bodenberührung mit der Tragfläche zerstört. Verband Z-526A im August 1968 anlässlich der WM über Magdeburg. Die Z-326A DM-WKE (rechts) wurde nicht auf Verstellpropeller umgebaut und zeigt sich hier bei der zweiten Weltmeisterschaft 1962 in Ungarn in ihrer allerersten Bemalung. Das Fliegerleben der DM-WCE ging nur von 1958 bis 1960. Hier ist sie noch am Flugplatz Sömmerda im Einsatz. Darunter: Schlepptréner Z-226B Bohatýr. Der Schriftzug auf der oberen Triebwerksverkleidung ist gut zu sehen, die Kennung war DM-WAW. Die Zlin Z-526F DM-WKT ist hier 1981 in einer anderen Bemalungsvariante als im Band II Seite 95 und 100 zu sehen. Die Kennzeichen gehen vom blauen in den weißen Bereich am Rumpf über. Im hinteren Sitz des verantwortlichen FF Gerhard Albold.

Sport- und Reiseflugzeuge 101

1987 hatte der westdeutsche Kunstflieger Wolfgang Jaegle sechs Jak-50-Flugzeuge der DDR über Alexander Schalck-Golodkowskis Außenhandels-Firma „Kommerzielle Koordinierung" (KoKo) käuflich erworben. Einem direkten Grenzüberflug zum neuen Standort Neuburg-Egweil durch die ADIZ an der innerdeutschen Grenze stimmten die NATO-Stellen nicht zu, so wählte man den Umweg über Cheb und Prag in der ČSSR sowie Bayreuth. Die Überführung selbst erfolgte in zwei Pulks, der erste startete am 28. Oktober 1987 mit vier Jak-50 (WQR/S/T/O), Ankunft war am 30. Oktober in Begleitung einer Piper Seneca aus der Bundesrepublik – Foto oben. Der zweite Pulk hob am 17. November 1987 ab (WQN/WQX) und kam am 18.November an. Jaegle verkaufte später vier Maschinen vorwiegend in die USA und Großbritannien weiter.

Die Spezialkunstflugzeuge Z-50 mit den Eintragungszeichen DDR-WTA und DDR-WTB kamen Anfang 1989 gerade recht, um noch den Anschluss an die Weltelite der Kunstflieger zu versuchen. Allerdings verhinderten Devisenmangel und eine starrköpfige Führung einen wirksamen Ausbildungsbetrieb. Der aus der GST hervorgegangene Bund Technischer Sportverbände e.V. (BTSV) gab die beiden Z-50LS während der Wende an den neuen FC Schönhagen. Ralf Wandzich, der letzte DDR-Kunstflugmeister, kam 1992 leider mit einer dieser Maschinen bei einem tragischen Unfall während einer Flugschau ums Leben.

Rechts sitzt Ralf Wandzich in der Z-50LS kurz vor dem Einsatz zu einem Flugtag Anfang der neunziger Jahre in Großrückerswalde. Die Maschine ist schon ohne Emblem, aber noch mit dem DDR-Kenner versehen. Die zweite Maschine verunglückte in der Saison 1998 nach einem Flugplatzfest in Dedelow.

Sport- und Reiseflugzeuge

1963 beschaffte die DDR ein Exemplar des eleganten und von seinen Piloten gelobten Flugzeugs L-200 Morava. Dieses musste schon 1965 abschrieben werden, da es bei einem Rollunfall durch eine An-2 beschädigt wurde. Übrigens führte das Ermittlungsverfahren gegen den FF Erich Deumeland im Ergebnis dazu, dass fortan immer ein Bordmechaniker (BM) mitzufliegen hatte, wenn kein 2. FF auf dem rechten Sitz saß. Diese Anweisung öffnete plötzlich vielen Mechanikern den Weg in die Cockpits. Aus einigen von ihnen sind später weithin bekannte Piloten geworden.

Da diese L-200 nicht mehr aufbaufähig war, kaufte die DDR daraufhin 1968 beim Hersteller zwei weitere, allerdings gebrauche Maschinen. Die Morava bleib das einzige zweimotorige Flugzeugmuster der GST. Die genannten Maschinen waren in Schönhagen bei Berlin stationiert und dienten als Kurierflugzeuge, Reiseflugzeuge für höhere GST-Funktionäre und als Begleitflugzeuge zur technischen und navigatorischen Sicherstellung bei Wettbewerben im In- und Ausland. Außerdem führte man ab den 70er Jahren damit so genannte Navigationseinweisungsflüge für angehende Segelfluglehrer durch. Die Piloten mit einer Lizenz für die Morava waren handverlesen: Heinz Schubert, Manfred Spenke, Fritz Fliegauf, Walter Schmeier, Georg Dittrich, Heinz Troppschuh, Kurt Rusch, Horst Richter, Gerhard Blex und Klaus Podolsky. Die letzten drei waren die einzigen Piloten der GST, die eine IFR-Lizenz besaßen und somit auch diesen Typ für IFR-Trainingsflüge verwendeten. Auf dem obigen Foto ist die WLB 1986 bei einer Flugschau in Neuhausen bei Cottbus abgebildet. Deutlich sieht man die zweiblättrige Luftschraube - das äußere Merkmal der A-Version. Das DDR-WLB Kennzeichen trug sie ab 1981. Im Dezember 1987 wurde sie außer Dienst gestellt und ab 1992 als D-GALE durch Dr. Thieme/Schönhagen wieder flugfähig hergerichtet. Aber der technische Aufwand, um einen solchen Oldtimer in Betrieb zu halten, ist immens.

Seit 2003 versucht sich daran die Zlin-Vertretung in Neustadt-Glewe und der MMFC als neuer Halter. Das Foto darunter zeigt die DM-WLA mit der Werk-Nr. 171213 im Jahr 1970/71 in Schönhagen. Wie man deutlich an der Dreiblattluftschraube erkennen kann, ist es eine D-Version und zwar aus dem Baujahr 1962. Gut kann man auch bei diesem erst jetzt aufgetauchten Farbfoto sehen, dass die Maschine oben blau - und nicht wie im Band I auf Seite 116 oben dargestellt - rot gewesen ist. Rot war sie offenbar erst später, wie das Foto darunter mit der DM-Kennung beweist. Das gleiche Farbschema wurde mit der Kennung DDR-WLA beibehalten (Foto unten Seite 116/ Band I). So steht sie auch noch heute in der Luftfahrthistorischen Sammlung, jetzt „Erlebnispark" LHS Finow.

Sport- und Reiseflugzeuge 103

1959 beschaffte die GST fünf Flugzeuge des Typs L-40 Meta Sokol. Stationiert waren die „Metas" an der damaligen Zentralen Flugsportschule Schönhagen, später verteilte man sie auf die so genannten Bezirksausbildungszentren. Sie dienten den schon bei der L-200 genannten Zwecken. Bei Navigationsbelehrungsflügen hatten manchmal auch normale Segel- oder Motorflieger die Gelegenheit in einer L-40 zu fliegen. Die hier fotografierte DM-WCM wurde 1977 außer Dienst gestellt und verschrottet. Und zwar aufgrund des Fehlens eines Schlauches für den Mittelradreifen, für heutige Verhältnisse völlig undenkbar! Da ein Trener-Schlauch o.ä. nicht passte, wurde das Flugzeug nach Beantragung des Schrottscheines innerhalb einer Woche zerlegt. Es gibt in Merseburg jedoch noch die L-40 DM-WCN, heute als D-EWCN registriert/vorgemerkt?. Seit ihrer Reaktivierung im Jahre 1997 steht sie allerdings. Grund ist, dass die Maschine keine Musterzulas-sung und somit kein „Gerätekennblatt" im Rahmen des Einigungsvertrages (Abschnitt V) zum 3. Oktober 1990 erhalten hatte. Sie war damals in der DDR zu diesem Zeitpunkt nicht zugelassen und ist somit nicht in die Luftfahrzeugrolle der Bundesrepublik übernommen worden. Ohne diesen Bestandsschutz, den die in der Tabelle am Anfang des Buches erfassten Flugzeuge genießen, werden Einzelzulassungen, Lärmschutzzeugnisse und andere Auflagen gefordert, die einem zukünftigen Betreiber erhebliche Kosten abverlangen. Das Cockpitfoto der L-40 ist übrigens während eines Flugtages 1964 in Erfurt-Bindersleben aufgenommen worden.

Sport- und Reiseflugzeuge

Auf diesen Fotos sind bereits 1953 beschaffte M-1D „Holz-Sokol" zu sehen. Die DM-WAP-Fotos sind als sensationell zu betrachten, da eine solche Bemalung dieser Maschine mit „Sokol"-Schriftzug bisher nicht bekannt war. Die DM-WAS wurde 1962 bei der GST ausgesondert und an die NVA für Kurierzwecke übergeben. Dort erhielt sie dann die Kennung ´5008´. Leider gibt es kaum Fotos von diesem seltenen Vogel in NVA-Diensten – hier einige neue.

Sport- und Reiseflugzeuge   105

1973 beschaffte die NVA für die LSK/LV zwölf Z-43 als Kurier- und Verbindungsflugzeuge. Weitere acht Z-43 bekam ab 1974 die GST als Ersatz für die L-200D bzw. L-40 Flugzeuge. Die Maschinen (siehe Fotos) dienten unter anderem Flugsportfunktionären und dem Zentralvorstand der GST als Reisemaschinen, sowie der Verbindung und Logistik der einzelnen GST-Flugplätze untereinander. Die meisten dieser Maschinen fliegen noch heute.

Sport- und Reiseflugzeuge

Flugregime für militärische und zivile Flüge im Hoheitsgebiet der DDR

Fliegen im Luftraum der DDR
- die sogenannten Hauptflugregeln (HFR DDR-81)

Der relativ kleine Luftraum der DDR wurde von sehr vielen Nutzern mit unterschiedlichen Interessen beansprucht. Deshalb erließ man eine Reihe von Vorschriften, die sowohl eine hohe Flugsicherheit gewährleisten als auch den Luftraum effektiv ausnutzen sollten. Es versteht sich von selbst, dass damit auch die Kontrolle über den Luftraum ausgeübt wurde.

Diese Vorschriften sind in den „Hauptflugregeln" zusammengefasst. Sie wurden in Abstimmung mit der Westgruppe der sowjetischen Streitkräfte für alle Luftraumnutzer federführend durch das Ministerium für Nationale Verteidigung erlassen und waren verbindlich.

Die HFR galten für die Truppen der GSSD und der NVA sowie die Grenztruppen, die Zivile Luftfahrt der DDR, die GST und alle Institutionen, die über Fluggeräte verfügten oder deren Tätigkeit die Flugsicherheit beeinflussen konnte. Außerdem hatten sie für alle militärischen und zivilen Luftfahrzeuge anderer Staaten Geltung, die Flüge im Luftraum der DDR durchführten.

In den HFR wurden Flugräume in ihrer horizontalen und vertikalen Ausdehnung sowie Flug- und Betriebszeiten für Betreiber von Fluggeräten festgelegt. Damit sollte verhindert werden, dass sich Luftraumnutzer gegenseitig gefährdeten. Geregelt waren auch Raketenabschüsse, Ballon- und Radiosondenaufstiege sowie das Verschießen von Artillerie- und Flugabwehrgeschossen.

Ebenso sind in den HFR Verfahren bei Notlagen und Luftraumverletzungen, aber auch zum Schutz der Bevölkerung und der natürlichen Umwelt enthalten gewesen.
Die Festlegungen zur räumlichen und zeitlichen Nutzung des Luftraums betrafen:
- Luftsperrgebiete und Gebiete mit Flugbeschränkungen
- die zeitweiligen Verbindungswege zwischen der BRD und der Berliner Kontrollzone,
- das Fluginformationsgebiet der Zivilen Luftfahrt mit Luftstraßen und Nahverkehrsbereichen,
- Flugplatzkontrollzonen sowie Standardelemente an den einzelnen Flugplätzen wie Platzrunden, Landesysteme, Kunstflugzonen und Flugstrecken.

Die auf den nachfolgenden beiden Seiten als Faksimile abgedruckten Originalkarte ist mit persönlichen Hervorhebungen der zivilen Flugkorridore des Nutzers zu sehen. Diese Karte war nur in den Stäben und bei den Kommandeuren der fliegenden Verbände verfügbar, und zu DDR-Zeiten eine sogenannten VVS, eine „Vertrauliche Verschlusssache".

VVS-Unterlagen durften im "normalen" Flugbetrieb nicht mitgeführt werden. Die Piloten erhielten für ihren bevorstehenden Flugeinsatz lediglich daran ihre Einweisungen und durften sich ihre Notizen machen.

Auf dieser Karte kann man deutlich die sich in engen Grenzen in „Achten" angeordneten Flugzonen um die Militärplätze (Rot: LSK/LV; Braun: GSSD) erkennen. Auch die Flugverbotszone entlang der DDR-Grenze ist gut zu sehen.

LUFTSCHIESSZONE 2
LUFTSCHIESSZONE 1
ZINGST 10 000
GROSS-MOHRDORF
PAROW
KAISERITZ
PEENEMÜNDE 3000
DAMGARTEN
PURKSHOF
WUSTROW 10000
WARBELOW
TUTOW
GARZ
ÜCKERMÜNDE 7000
BASEPOHL
NEUBRANDENBURG
SPECK 750
SCHWERIN
PARCHIM
REDLIN
RETZOW
750 - 3000
LÜBTHEEN 600
LÄRZ
WITTSTOCK 4500
TEMPLIN 3500
STORBECK
NETZEBAND 1850
NEURUPPIN
SALZWEDEL
FINOW
ORANIENBURG
KLIETZ 3000
HAMBURG
LÜBECK
SZCZECIN
KOŁOBRZEG
SEGAL
G15
A4

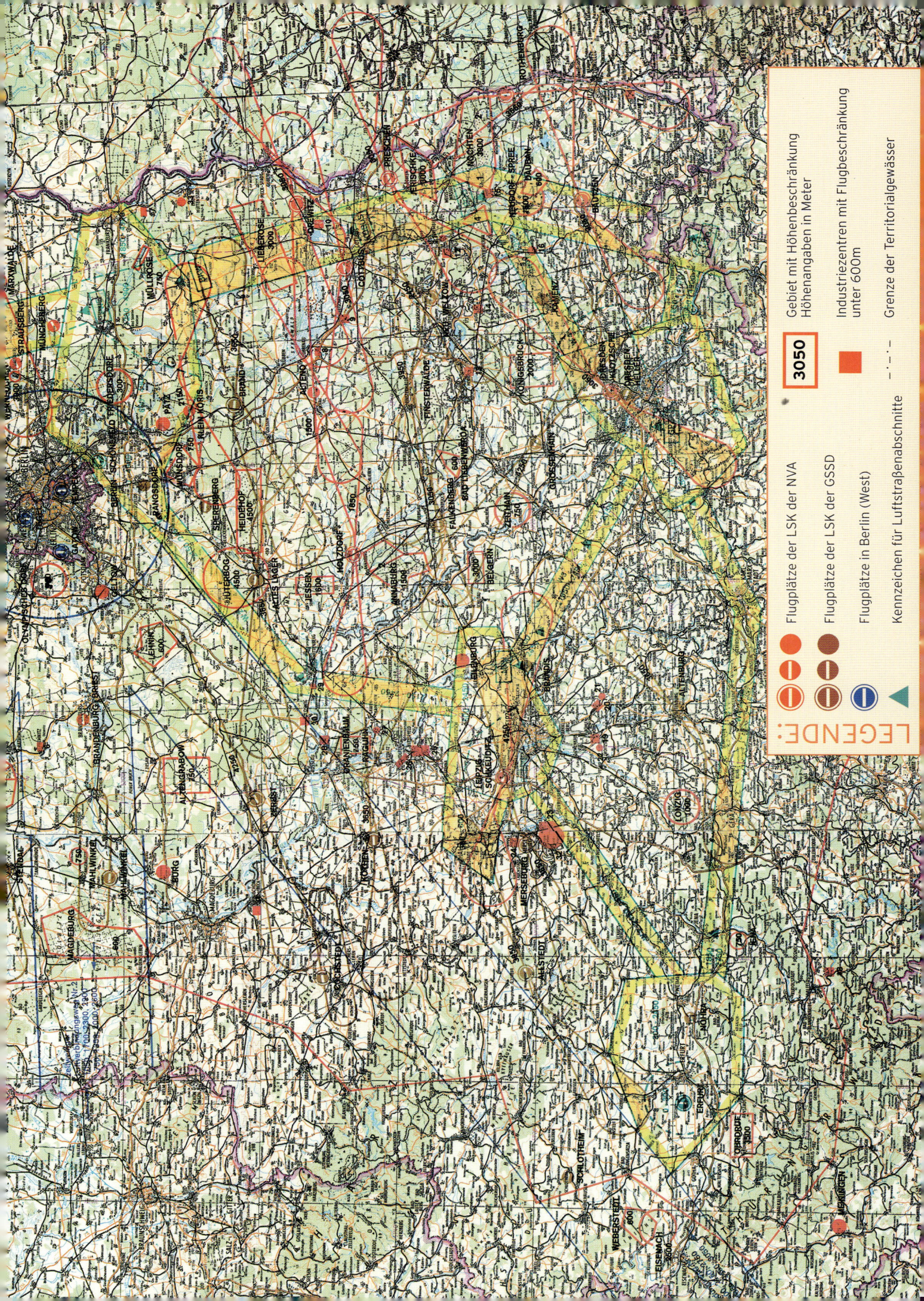

LEGENDE:

3050	Gebiet mit Höhenbeschränkung Höhenangaben in Meter
■	Industriezentren mit Flugbeschränkung unter 600m
–·–·–	Grenze der Territorialgewässer
● ●	Flugplätze der LSK der NVA
● ●	Flugplätze der LSK der GSSD
● ● ●	Flugplätze in Berlin (West)
▶	Kennzeichen für Luftstraßenabschnitte

Mehrzweckkampfflugzeuge

Von 1978 bis 1990 waren bei der NVA insgesamt 77 Schwenkflügler des Typs Mikojan Gurewitsch MiG-23 in den Ausführungen MF, ML, BN und UB im Einsatz. Wieder Erwarten zeigte sich die Maschine als zuverlässig und der robuste Schwenkmechanismus bereitete keinerlei Probleme. Dank der fortschrittlichen Ausstattung der Jagdmaschinen mit dem Monopulsradar Saphir-23D-III und dem Visier und Feuerleitsystem ASP-23D/S-23D-III, war die MiG-23 das erste Jagdflugzeug der NVA mit der Möglichkeit, Luftziele auf Gegenkurs und vor dem Erdhintergrund abzufangen und zu bekämpfen. Neue Möglichkeiten mit dieser Maschine ergaben sich auch beim Abfangen von langsam fliegenden Luftzielen für die LSK/LV.

Fest eingebaut war eine doppelläufige 23-mm-Kanone GSch-23L. Deren Kampfsatz bestand aus 200 Granaten, jeweils 100 Splitter-Spreng- und 100 Panzer-Brand-Geschossen. Die '107' ist eine Doppelsitzerversion UB.

Mehrzweckkampfflugzeuge III

In der MiG-23-Tabelle des Bandes III gibt es diese Anmerkung: 1979 erhielt die OHS LSK/LV und später die MTS in Bad Düben eine sowjetische Mig-23S mit der Werk-Nr. 220001013 als Bodenlehrtechnik; seit Juni 1993 bis heute LHS Finow.

Genau diese Maschine ist auf diesen Bildern zu sehen. Sie diente nämlich davor auf dem Flugplatz Alteno bei Luckau zur Erprobung von in der DDR hergestellten Flugzeugfanganlagen. Die VEB Flugzeugwerft Dresden – FWD(2) – produzierte mehrere Systeme: u.a. TFF-68, -72, -76 und ATU-G/1 – letzteres ist hier bei der zweiten Erprobung im März 1979 zu sehen. Die Mig-23S soll dabei als ´01´ (?? – hier '87'!) von den GSSD übernommen worden und als ´08´ von der FWD Erprobungskommision benutzt worden sein, um sie am 14. März 1979 der Schule in Bad Düben zu übergeben. Eine erste Erprobungsserie hatte es in Alteno bereits 1977 gegeben. Die genannten Fanganlagen wurden normalerweise am Ende der SLB installiert und verhinderten das Hinausrollen des Luftfahrzeuges bei Startabbruch oder Landung. So wurden bei technischem Versagen oder fliegerischem Fehlverhalten größere Schäden an Mensch und Material wirkungsvoll verhindert. Über die Häufigkeit des Auslösens derartiger Anlagen (rechts mit einer MiG-17 zu sehen) in den LSK/LV gibt es bisher leider noch keine Angaben.

112 Mehrzweckkampfflugzeug

Mehrzweckkampfflugzeuge 113

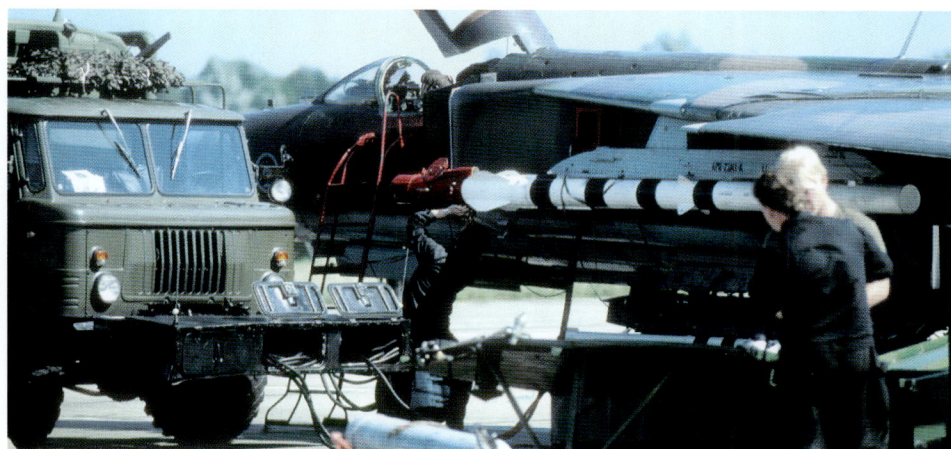

oben links: Detailansicht des Hecks einer MiG-23ML – in die obere Öffnung gehört der Bremsschirm. Dieser wurde in der NVA regelmäßig zur Schonung der Radbremsen gefahren.

Die Aufnahmen auf diesen Seiten stammen zumeist vom letzten Flugtag des JG-9 am 26. September 1990 in Peenemünde. Das Foto rechts zeigt übrigens einmal deutlich den Einfluss der Sonneneinstrahlung auf die optische Wirkung von Tarnfarben.

114   Mehrzweckkampfflugzeug

Mehrzweckkampfflugzeuge 115

Im Februar 1969 bildete man aus der III. Kette der 3. Staffel des FG-1 in Cottbus die sogenannte Kommandostaffel, welche speziell für die Zieldarstellung zuständig sein sollte. Geflogen wurden zunächst Jak-18 und zeitweise Jak-11, doch das taktische Bombenflugzeug IL-28 sollte der Standardtyp werden. Seit 1955 waren sowjetische IL-28 in der DDR stationiert, und man kannte diese Flugzeuge und ihre Eigenschaften von gemeinsamen Übungen her.

Im Frühjahr 1959 hatten die ersten NVA-Piloten ihre Umschulung auf die IL-28 beim 11. selbständigen Aufklärungsfliegerregiment (11. ORAP) der 16. sowjetischen Luftarmee auf dem Flugplatz Neu Welzow, Bezirk Cottbus für ihren Einsatz in der Zieldarstellungsstaffel 21 (ZDS-21) erhalten. Unter nicht ganz geklärten Umständen gelangte auch eine Doppelsteuer-Schulmaschine IL-28U ab 1961 in diese Einheit. Das Einzelstück blieb bis zu seiner Aussonderung 1979 bei der dann ZDS-33 genannten Einheit im Dienst. Fotografien der ´193´ sind selten, Flugfotos sind ganz rar. Hier hat ein Flugzeugfan in der DDR auf illegale Art und Weise mit seiner Praktica gleich eine ganze Serie von Aufnahmen dieser Maschine beim Landeanflug 1973 in der Einflugschneise von Karlshagen gemacht.
Entsprechende Hausbesucher aus dem Milke-Imperium ließen nicht lange auf sich warten...
Im Übrigen sind alle IL-28 mit 100er taktischer Nummer neue Maschinen gewesen, während die mit 200er Nummernblock sozusagen second-hand-Maschinen der GSSD in Welzow waren.

116   Mehrzweckkampfflugzeug

Mehrzweckkampfflugzeuge 117

Nachdem im April 1957 deren Ankauf beschlossen worden war, kam im Frühjahr 1958 die erste IL-28R mit der Zivilzulassung DM-ZZI in die DDR. Sie diente als fliegender Erprobungsträger für das als Antrieb des TL-Verkehrsflugzeuges „152" entwickelten Strahltriebwerkes Pirna 014. Das Foto (links oben) zeigt den „Galgen" genannten Anblasprüfstand mit eingehängter Zwillingsgondel der „152". Nach deren erfolgreicher Bodenerprobung sollte mit der IL-28 die notwendige Erprobung unter realen Flugbedingungen erfolgen, da das dafür vorgesehene Versuchsmuster 152/I-V3 aus finanziellen Gründen gestrichen wurde.

Der Einbau des Pirna 014 in eine der TW-Gondeln der IL-28 kam wegen der notwendigen und aufwendigen Umkonstruktion nicht in Frage. Unklar war damals auch das Verhalten der IL-28 im Einmotorenflug. Die Konstrukteure im MAB Schkeuditz entschieden sich für die Aufhängung einer dritten Triebwerksgondel im Schwerpunktbereich unter dem Rumpf. Diese wurde als Ringträgerbaugruppe ausgelegt, die ein schnelles Auswechseln der Versuchstriebwerke und eine gute Zugänglichkeit bei der Bodenwartung ermöglichte. Der darüber liegende Rumpf wurde gegen den heißen Abgasstrahl mit einer Wärmeschutzschürze abgeschirmt. Die Messtechnik war ebenfalls unterzubringen, genau wie z.B. im Bombenschacht eine fernbediente Kamera AK 16. Am Ende war ein neues, dreistrahliges Flugzeug entstanden, das nun selbst erst getestet werden musste, bevor es als Erprobungsträger genutzt werden konnte. Die Eignungserprobung erfolgte vom 11. Juni bis zum 5. September 1959 in Dresden. Am 3. September 1959 wurde erstmals mit eingebautem TL Pirna 014 geflogen allerdings ohne es zu zünden. Nach entsprechender Ausbildung des Personals und vorbereitenden Testflügen, fand am 11. September 1959 die erste Erprobung eines Pirna-Triebwerkes 014 in der Luft statt. Bei Standläufen des eingebauten Versuchstriebwerks am Boden hatte man die IL-28 anfangs mit Winden auf ein hölzernes Podest gezogen (vgl. Fotos) und dort verankert. Dies sollte die Gefahr des Ansaugens von Fremdkörpern verringern. Später legte man unter das Triebwerk eine PVC-Plane auf den Boden. Ab Februar 1960 kam noch eine zweite umgebaute IL-28R als DM-ZZK dazu. Eigentlich war noch die Beschaffung einer dritten IL-28 geplant, bei der beide WK-1 Triebwerke durch „Pirnas" ersetzt werden sollten. Durch die Einstellung des DDR-Flugzeugbaus im März 1961 kam es jedoch nicht mehr dazu. In der Zeit vom 11.September 1959 bis 20. Juni 1961 wurden mit beiden IL-28 insgesamt 211 Erprobungsflüge unternommen. Dabei wurden 13 Triebwerke Pirna 014 A-0 und 3 Pirna 014 A-1 erfolgreich im Fluge erprobt. Nach dem Einstellungs-beschluss für die Flugzeugindustrie in der DDR vom März 1961, führte man das Erprobungspro-gramm noch bis Juni des Jahres zu Ende. Dann erfolgte, wieder im MAB Schkeuditz, die Rückrüstung der beiden IL-28R zum normalen Militär-Standard, ohne Bewaffnung und Radargerät.

Mehrzweckkampfflugzeuge

Jagdbomber

Begründet mit der „ständig wachsenden Bedrohung durch die NATO" und den Erfahrungen der Nah-Ost-Kriege und des Vietnamkrieges, legten die sowjetischen Militärstrategen größeren Wert auf offensive Fliegerkräfte, welche die Landstreitkräfte unterstützen sollten. Sie drängten zur Aufstellung von Kampfhubschrauber- und Jagdbombereinheiten. In der DDR führte dies 1971 zur Schaffung des ersten Jagdbombenfliegergeschwaders der NVA, dem JBG-31 in Drewitz. Es flog zunächst auf MiG-17F, ab 1979 auf MiG-23BN und wurde dann in JBG-37 umbenannt. Der DDR-Führung war die Tatsache unangenehm, nun auch über sogenannte „Angriffswaffen" zu verfügen, hatte man doch immer den defensiven Charakter der NVA hervorgehoben. Die speziell für Tiefangriffsflüge als Jabo konzipierte MiG-23BN galt als schwierig zu fliegende Maschine, da sie keine Steuerfehler zuließ. Alle BN-Maschinen waren von vornherein für den Einsatz von je einer freifallenden bzw. durch einen Schirm fallgebremsten taktischen Kernbombe bis knapp 30 kt mit einer Masse von etwa 500 kg am Rumpfträger ausgelegt. Zwei Treibstoff-Zusatzbehälter konnten am schwenkbaren Teil der Tragflächen zur Reichweitenerhöhung montiert werden. Allerdings wurden die Tragflächen dann in der Pfeilungs-Position 16 Grad für Start- und Landung fixiert, da diese Aufhängungen nicht mitschwenkten (vgl. unsere Zeichnung). Aus heutiger Sicht war der Abwurf einer taktischen Kernbombe offenbar der eigentliche Haupteinsatzzweck der MiG-23BN der NVA in einem Konfliktfall gewesen. Die entsprechenden Einsatztaktiken (siehe auch nächste Seite) wurden ausgearbeitet, erprobt und geübt.

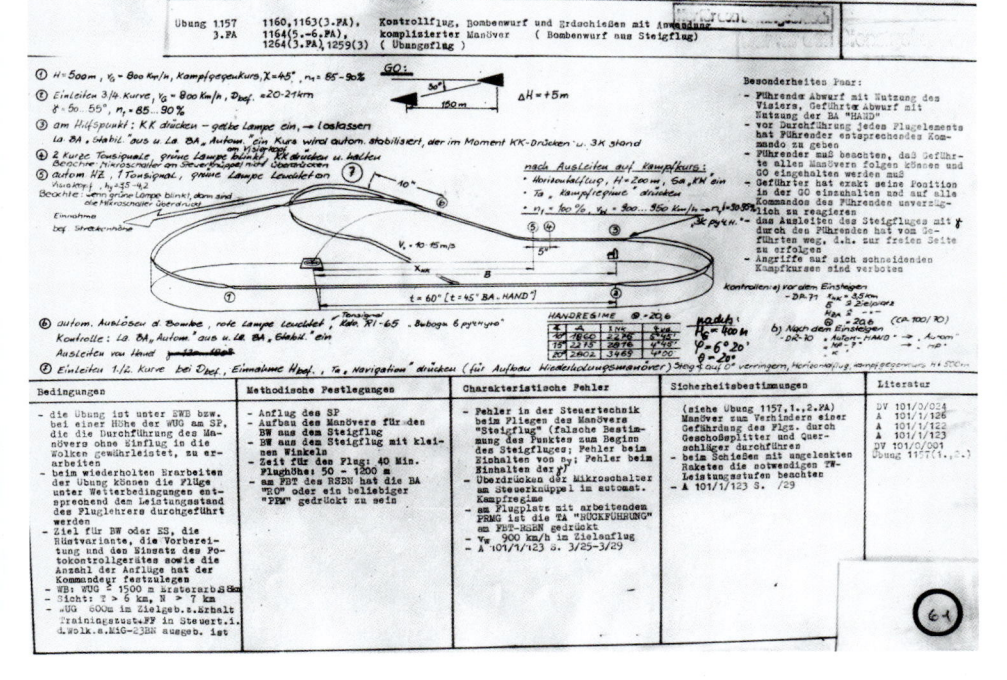

Das auf den nächsten beiden Seiten dargestellte Einsatzprofil diente dem Abwurf einer Kernbombe (KB). Die offizielle Bezeichnung war dafür "Bombenwurf aus dem Steigflug". Beim sogenannten Bombenwurflehrgang in Peenemünde wurden Offiziere in Führungspositionen und Flugzeugführer speziell geschult und in Bezeichnungen sowie Inhalte dieses Manövers eingewiesen.

Jagdbomber 121

Kernbomben-Manöver einer MiG-23BN

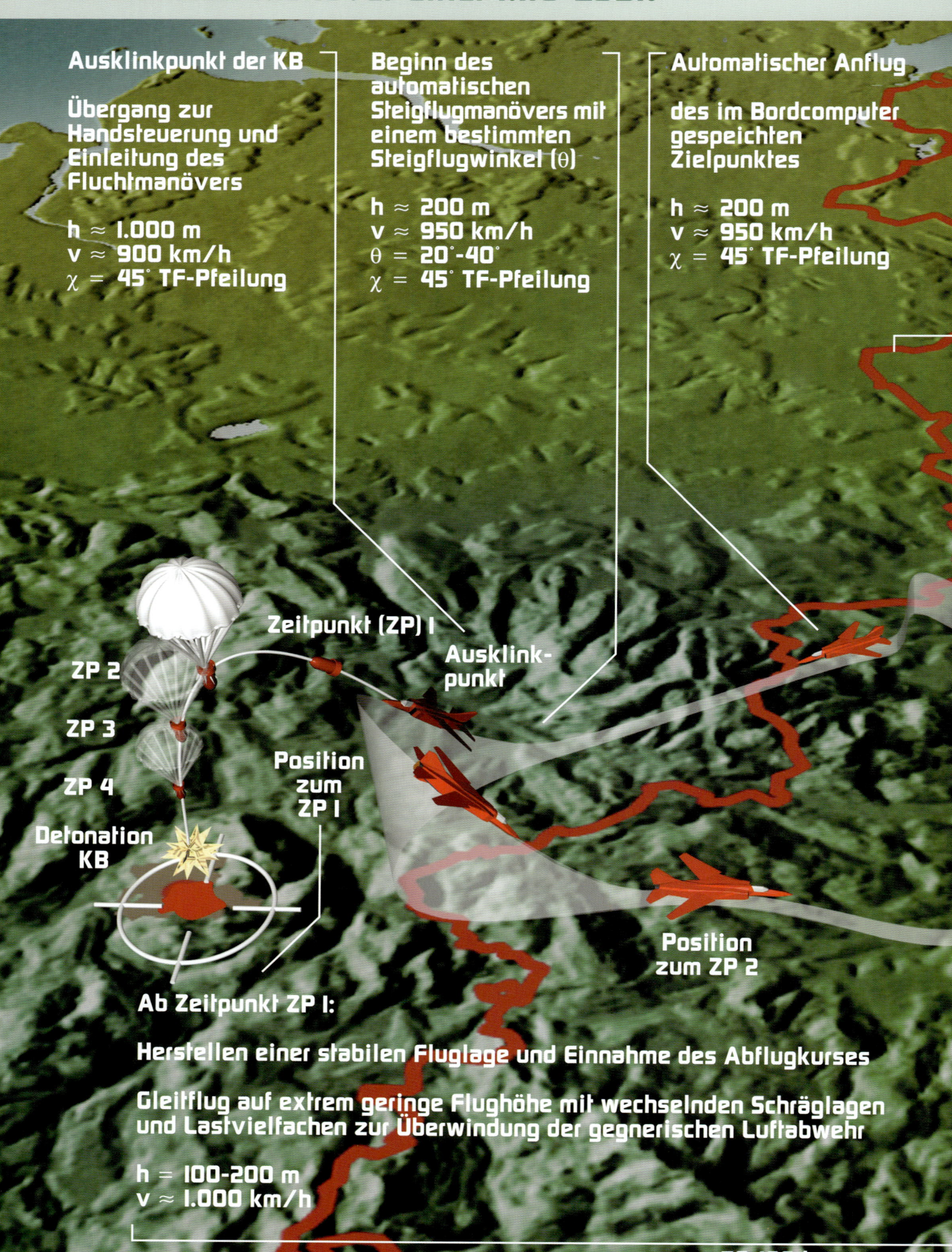

Ausklinkpunkt der KB

Übergang zur Handsteuerung und Einleitung des Fluchtmanövers

h ≈ 1.000 m
v ≈ 900 km/h
χ = 45° TF-Pfeilung

Beginn des automatischen Steigflugmanövers mit einem bestimmten Steigflugwinkel (θ)

h ≈ 200 m
v ≈ 950 km/h
θ = 20°-40°
χ = 45° TF-Pfeilung

Automatischer Anflug des im Bordcomputer gespeichten Zielpunktes

h ≈ 200 m
v ≈ 950 km/h
χ = 45° TF-Pfeilung

Zeitpunkt (ZP) 1
Ausklinkpunkt

ZP 2
ZP 3
ZP 4
Detonation KB

Position zum ZP 1

Position zum ZP 2

Ab Zeitpunkt ZP 1:

Herstellen einer stabilen Fluglage und Einnahme des Abflugkurses

Gleitflug auf extrem geringe Flughöhe mit wechselnden Schräglagen und Lastvielfachen zur Überwindung der gegnerischen Luftabwehr

h = 100-200 m
v ≈ 1.000 km/h

50-100 km

Räumliches Manöver

zur Überwindung und Täuschung der gegnerischen Luftabwehr und Radarerfassung mit zunehmenden Schräglagen (γ) bzw. engeren Kurvenradien

$h \approx 200$ m
$v \approx 900$ km/h
$\gamma = 30°, 45°...60°$
$\chi = 45°$ TF-Pfeilung

Anflug des Zielgebietes

$h = 4.000 - 10.000$ m
$v \approx 600$ km/h
$\chi = 16°$ Tragflächen(TF)-Pfeilung

Position zum ZP 3

Position zum ZP 4

Nachdem in den LSK/LV der NVA die MiG-17 rund 28 Jahre lang im Dienst war, bekam sie als Jagdbomber ein „zweites Leben". Aus der Masse der gerade auszusondernden MiG-17F wählte man die technisch am besten erhaltenen Maschinen aus und baute sie in der Flugzeugwerft Dresden zu Jabos um. Basis waren polnische Erfahrungen bei Lim-6bis Jagdbombern. Die DDR beschaffte von der polnischen Seite die erforderlichen Komponenten für den Umbau der eigenen MiG-17F in Dresden. Allerdings verzichtete man auf den Einbau einer Bremsschirmanlage. Die so entstandenen Jagdbomber waren nun bei voller Kraftstoffzuladung (einschl. Zusatzbehälter) in der Lage, neben den Kanonen noch zusätzlich zwei Behälter MARS-2 mit je 16 ungelenkten 57-mm-Luft-Boden-Raketen oder zwei Bomben zu 250 kg an den neuen Halterungen zu tragen. Bei Verzicht auf die KS-Zusatzbehälter konnte man an deren Schlössern nochmals zwei 250-kg-Bomben mitnehmen. Für den Erdkampfeinsatz waren die ohnehin vorhandenen Bordkanonen, eine 37-mm-Waffe N-37D und zwei weitere NR-23 mit einem Kaliber von 23 mm bestens geeignet. 1971 wurde das JBG-31 (Jagdbomberfliegergeschwader 31) mit 47 MiG-17F und 14 MiG-15UTI Schuldoppelsitzern in Drewitz gegründet. Zwischen 1973 und 1975 sind dann alle seine MiG-17F in Dresden umgebaut worden. Zunächst flogen die Maschinen des JBG-31 noch silbermetallfarbig, doch bald folgte die Umstellung auf Tarnanstrich. Die Existenz von Jagdbomberkräften wurde in der DDR zunächst geheimgehalten, weil bis dahin immer die defensive Rolle der Luftverteidigung hervorgehoben worden war. Erst später durfte darüber, allerdings nur in sehr verschwommener Form, berichtet werden. Im Rahmen der Militärhilfe für junge afrikanische Nationalstaaten übergab die DDR ab 1980/81 MiG-17-Maschinen an Mozambique und an Guinea Bissao und Nigeria. Unklar ist derzeit noch der Verbleib von ca. 25 bis 30 MiG-17F, die nach ihrer Außerdienststellung 1968 an die FWD (2) zurück gingen. Die letzten MiG-17F Jagdbomber stellte man in den LSK/LV im Jahre 1985 – vgl. Tabellen im Band I – außer Dienst.

Jagdbomber 125

Ab 1978 hatten bei Laage, etwa 20 km südlich von Rostock, Baumaßnahmen für einen neuen Militärflugplatzkomplex, der zwei neu zu bildende Jagdbombenfliegergeschwader aufnehmen sollte, begonnen. Flugzeugtyp für diese Einheiten war die Suchoj Su-22. Erstmals hatte die DDR damit ein Kampfflugzeugmuster beschafft, das nicht aus dem Hause MiG kam. Die Su-22 waren auch – neben einer Reihe von anderen Außenlasten – als Träger für je zwei freifallende taktische Kernbomben des Typs RN24, RN28, RN40 oder 244N, mit einer Sprengkraft von 1 bis 30 kt (Kilotonnen äquivalent Sprengstoff TNT; zum Vergleich: Stärke der Hiroshima-Bombe 20 kt) vorgesehen. Diese Waffen wurden jedoch nur unter speziellem Verschluss bei den sowjetischen Streitkräften in der DDR (GSSD) gelagert und wären im Bedarfsfall durch die GSSD zugeführt worden. Insgesamt waren alle damit verbundenen Vorgänge nur einigen wenigen NVA-Offizieren bekannt. Beide Jagdbombenfliegergeschwader, JBG-77 und MFG-28, hatten je 24 Su-22M4 und vier Doppelsitzer Su-22UM3K im Bestand. Die Doppelsitzer konnten bis auf die Ch-29L und die Ch-58U alle Waffensysteme der Einsitzer einsetzen. Von den hier gezeigten Fotos ist das Flugfoto oben rechts interessant. Es zeigt eine Maschine, die im hinteren Bereich neu beplankt wirkt.
Darunter die ´546´ beim „letzten Rollen" in Laage. Einen abschließenden Flugdienst unter alter Flagge hatte man den DDR-Fliegern untersagt.

126   Jagdbomber

Jagdbomber 127

Transport- und Verkehrsflugzeuge

Deutsche Lufthansa

Auskunft, Beratung, Flugscheinverkauf
Flughafen Karl-Marx-Stadt
Karl-Marx-Stadt, Stolberger Straße 100
Telefon: Karl-Marx-Stadt 32951
Telegramm: Lufthansa Karl-Marx-Stadt
Telex: 057-313 – sowie durch die DER-Büros

An 27. April 1955 fasste der Ministerrat der DDR den Beschluss zur Entwicklung eines zivilen Luftverkehrs, in dem es u.a. hieß: „...ist mit Wirkung vom 1.Mai 1955 die D e u t s c h e L u f t h a n s a (Sperrung im Original) zu gründen...und so vorzubereiten, dass ca. ein Jahr nach Beginn der Ausbildung mit dem Flugverkehr begonnen werden kann...". Bereits im Mai nahmen die ersten Mitarbeiter der DLH auf dem Südteil des Flughafens Schönefeld ihre Tätigkeit auf, und am 30. Juli 1955 landete die erste IL-14 aus dem Flugzeugwerk Nr. 34 in Taschkent mit der Immatrikulation DDR-ABA unter dem Kommando von Kommandant Uwarow und seiner sowjetischen Crew.

Am 16. September 1955 startete der erste offizielle Flug der DLH mit Ministerpräsident Otto Grotewohl an Bord, der zur Unterzeichnung des Staatsvertrags mit der UdSSR nach Moskau unterwegs war. Die folgenden Ausbildungs-, Charter- und auch die ersten Linienflüge wurden noch unter der Verantwortung der sowjetischen Besatzungen durchgeführt.

In den ersten Jahren des DDR-Luftverkehrs war die zweimotorige IL-14 zweifellos das Arbeitspferd. Mehr als 3500 Exemplare wurden für die osteuropäischen Fluggesellschaften ausgeliefert, und ab Oktober 1955 wurde sie aus eigener Fertigung im VEB Flugzeugwerk Dresden bereitgestellt. Ende 1956 flogen bereits 12 Maschinen im Linien- und Charterverkehr der DLH.

Im September 1958 kam es zur Gründung einer zweiten DDR-Fluggesellschaft unter dem Namen Interflug, da es bei Flügen in das westliche Ausland ständig Probleme mit der gleichnamigen westdeutschen Gesellschaft gab. Letzten Endes wurde am 30. August 1963 die Deutsche Lufthansa (Ost) liquidiert.

Die Interflug als nun einzige „Staats"-Fluggesellschaft der DDR übernahm neben dem Fluggerät auch die Verwaltung und den Betrieb der Flughäfen sowie die Flugsicherung.

Nach 30 Jahren Flugbetrieb im permanent größer werdenden Streckennetz mit stetig steigenden Passagierzahlen mit fast ausschließlich sowjetischen Mustern, fasste die DDR Führung 1989 den Entschluss, mit dem Airbus A310 ein Verkehrsflugzeug westlichen Typs anzuschaffen.

Der Vorgang löste in Ost und West Überraschung und einige Verwirrung aus, da dies auch noch mit politischer und wirtschaftlicher Unterstützung der Bundesrepublik Deutschland geschah. Doch die Flottensituation der Interflug war seit Mitte der 80er Jahre prekär, denn die sowjetische Flugzeugindustrie hatte in dieser Zeit keine wirtschaftlich gleichwertigen Alternativen, vor allem für Langstreckenflüge, zu bieten. Hinzu kamen vor allem in westlichen Ländern neue Anforderungen beim Navigations- und Sicherheitsequipment sowie nach erhöhtem Lärmschutz. So landete am 26. Juni 1989 das erste Airbus-Flugzeug, wieder eine ABA, in Schönefeld. Als Registrierungen für die Airbusse waren zuerst DDR-SZA bis SZC vorgemerkt, doch aus Gründen der Tradition wählte man dann DDR-ABA bis ABC, in Erinnerung an die erste DDR-ABA. Gleichzeitig wollte die Leitung der Interflug die neue Epoche auch mit einer neuen, von den anderen IF-Flugzeugen abweichenden Bemalung nach außen demonstrieren. Stolz präsentierte man dann in Berlin-Schönefeld alle drei Maschinen vor der internationalen Presse, wobei die ABA noch den kleinen Ährenkranz im Staatswappen führte.

Transport- und Verkehrsflugzeuge

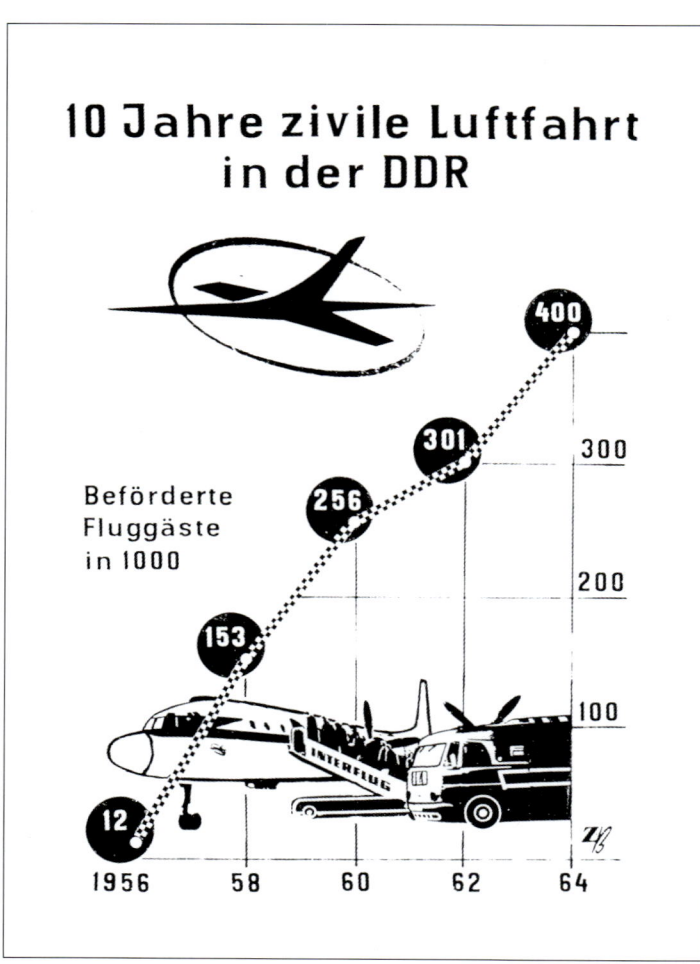

10 Jahre zivile Luftfahrt in der DDR

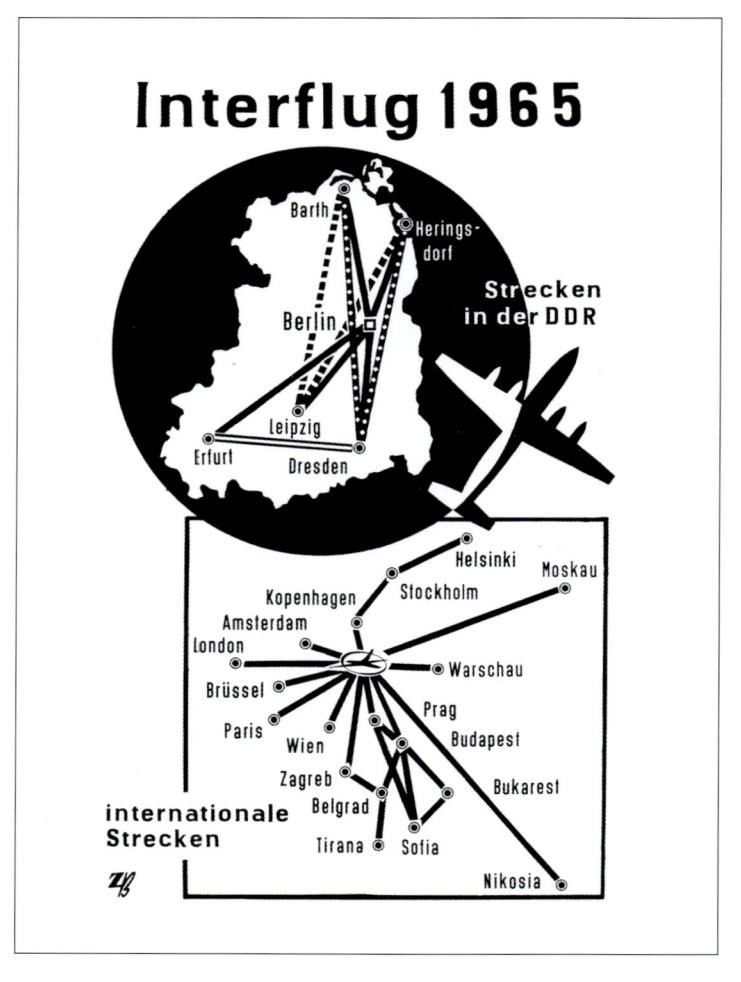

Beförderte Fluggäste in 1000

12 — 1956
153 — 58
256 — 60
301 — 62
400 — 64

Interflug 1965

Strecken in der DDR: Barth, Heringsdorf, Berlin, Leipzig, Erfurt, Dresden

internationale Strecken: Helsinki, Moskau, Kopenhagen, Stockholm, Amsterdam, London, Warschau, Brüssel, Paris, Wien, Prag, Budapest, Zagreb, Belgrad, Bukarest, Tirana, Sofia, Nikosia

130 Transport- und Verkehrsflugzeuge

Transport- und Verkehrsflugzeuge 131

Die IL-14 mit der Werk-Nummer 14.803.027 überführte man am 04.03.1958 als 427 von Dresden zum MAB Schkeuditz zwecks Einbau der Saloneinrichtung. Nach Änderung des Kennzeichens in 485 überführte Major Bauditz die Maschine am 29.10.1958 nach Berlin-Schönefeld. In der 427/485 wurde in Schkeuditz die Wand am Spant 15 mit Tür, die Wand am Spant 30 und die vordere Gepäckraumklappe entfernt. Die Notausstiege rechts und links verlegte man von Spant 21/22 zum Spant 24/25. An der linken Seite, zwischen Spant 14 und 15, fügte man ein zusätzliches normales Kabinenfenster ein. Die Saloneinrichtung bestand aus einem Besprechungsraum zwischen Spant 13 und 21, mit einem Tisch, vier Einzel- und einem Doppelsessel, einem Reiseraum zwischen Spant 21 und 29 mit vier Liegesesseln und zwei feststehenden Sesseln, die jeweils um einen Tisch gruppiert waren. Auch gab es eine Anrichte und eine Sitzecke mit Schreibplatz für eine Sekretärin oder eine Stewardess. Zwischen Spant 30 und 34 gab es noch einem Ruheraum mit einer Liege.

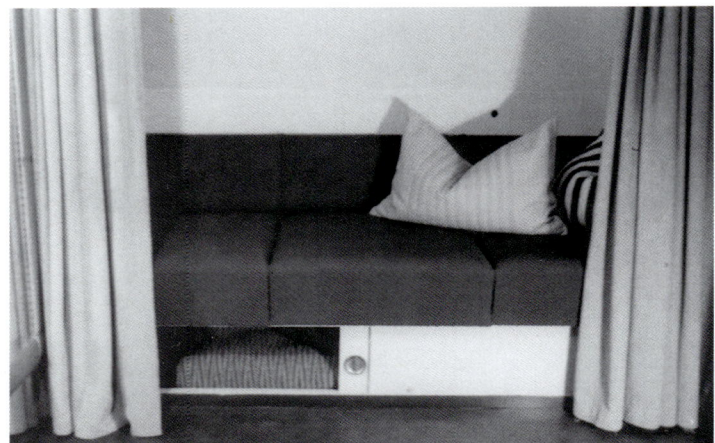

Mit der IL-14 erhielt die NVA ihr erstes zweimotoriges Transportflugzeug. Anfang 1956 begann die Schulung im sogenannten Ausbildungskommando 209 in Preschen, an der sowohl KVP- (VP-Luft) als auch Lufthansa-Personal mit Lufthansa-Maschinen teilnahmen.

Die dritte und vierte im VEB Flugzeugwerk Dresden produzierte Il-14P sind zunächst als DM-ZZD bzw. -ZZG im Werk erprobt worden. Als im Winter 1956/57 in Dessau die Transportfliegerschule der NVA eingerichtet wurde, erhielten die ersten beiden Maschinen die Kennung DM-UAA und -UAB. Auf dem Bild oben vom Mai 1957 sind beide Maschinen zu sehen. Die vordere IL-14 mit der Werk-Nummer 14803004, DM-UAB, takt. Kennung ´400´, stürzte am 22. Juli 1960 nach der Kollision mit einem Schornstein des Kraftwerkes Vockerode ab.

Unklar ist bis heute, warum man sich damals für die Erstkennung als DM-U... entschied. Möglicherweise geht dies auf das Wort „utschäba" - russisch für „Ausbildung" - zurück. Das erste Problem mit dieser Kennung gab es bereits bei der Überführung der UAA von den Flugzeugwerken Dresden . Unmittelbar nachdem der Kommandeur Major Siegfried Weise die Maschine gelandet hatte, wurde sie von Soldaten der nahegelegenen Pionierkaserne und anderen Kräften umzingelt. Man erwartete, vermeintliche US-Flieger festzunehmen! Ein äußerst aufmerksamer Bürger hatte Alarm geschlagen, weil er die Buchstaben der Kennung als „USA" identifiziert hatte...

Zwei IL-14P aus sowjetischer Produktion gingen im Juli 1957 in Dienst bei den DDR-Regierungsfliegern. Zunächst bei der DLH kurzzeitig als DM-SBM und -SBS betrieben, wurden sie nun militärisch gekennzeichnet. Die ´470´ diente als Salonflugzeug und die ´471´ als normale Passagier- und Schulmaschine. Eine ´485´ wurde 1958 im MAB Schkeuditz als Regierungsmaschine (Salonvariante) für den damaligen Staatsratsvorsitzenden der DDR, Walter Ulbricht, umgebaut. Dazu gehörten Sitzgruppen mit Tisch, ein Konferenzraum mit eingebautem Radio und eine Ruhekabine.

Übrigens haben die hier gezeigten Innenaufnahmen dieser Maschine ihre besondere Geschichte: Ein Entwicklungsingenieur nahm nach Einstellung des Flugzeugbaus in der DDR die Kontaktabzüge an sich und vergrub sie zusammen mit den Stoffmustern für die Sitze der „152" in seinem Garten. 1992 übergab er alles der Gesellschaft zur Bewahrung von Stätten deutscher Luftfahrtgeschichte mit Sitz in Berlin.

Wegen der strengen Geheimhaltung seitens der NVA wurden dem Flugzeugwerk Dresden (FWD) für das Einfliegen fertiggestellter Flugzeuge zeitweilige Kennzeichen zugewiesen. Am 24.05.1958 wurden durch Oberstleutnant Möller aus der Dienststelle Cottbus zunächst die Kennzeichen 501, 504 und 506 übermittelt. Nach der Übernahme durch den Halter des Flugzeuges wurden dies Kennungen entfernt und durch taktische Nummern ersetzt. Das FWD beklagte diese Praxis und bedauerte, dass in mehreren Fällen Maschinen ohne Kennzeichen übergeben werden mussten. In einem Schreiben der HAZL / Abt. Luftfahrzeuge, unterzeichnet vom Abteilungsleiter Naumann, vom 25.11.1960 wird Hauptmann Burkhardt in Dessau dringend angemahnt, die übergebenen zivilen Zulassungsdokumente an das Werk bzw. die HAZL zurück zu geben. Es heißt darin u.a. „„...Schriftverkehr wurde diesbezüglich bereits mit Oberst Wilpert geführt, jedoch ohne Ergebnis...". Am 08.07.1958 folgte ein weiteres Schreiben aus Cottbus mit der Zuteilung der Einflugkennzeichen 904, 909, 915, 917, 921 und 927. Für die ersten Dresdener IL-14P der LSK ergibt sich damit folgendes Bild:

Werk-Nummer 14.803. ...

002 Erstflug am 24.08.1956 als DM-ZZC, am 02.05.1957 nach Preschen ausgeliefert, dort als **411** gekennzeichnet,

003 Erstflug am 29.09.1956 als DM-ZZD, am 03.01.1957 nach Dessau als DM-UAA ausgeliefert, später **437**,

004 Erstflug am 27.12.1956 als DM-ZZD, am 11.03.1957 nach Dessau als DM-UAB ausgeliefert, später **400**,

006 Erstflug am 16.05.1957, ohne Kennzeichen am 07.06.1957 nach Dessau ausgeliefert, dort **421**,

007 Erstflug am 16.07.1957, ohne Kennzeichen am 09.08.1957 nach Dessau ausgeliefert, dort **445**,

021 am 06.02.1958 ohne Kennzeichen nach Dessau ausgeliefert, dort **401**, (nach dem Flugtüchtigkeitszeugnis des FWD sind die Tragflächen dieser Maschine in der ČSR gefertigt worden...?)

022 am 18.03.1958 nach Dessau ausgeliefert, dort **403**, später **425/** oder **426** (Schreibfehler im Originaldokument?)

Transport- und Verkehrsflugzeuge

Die erste von sechs Antonow An-24W flog ab 19. März 1966 rund zehn Jahre auf den Inlandlinien und auf einigen Auslandsrouten der Interflug. Die Einstellung des Inlandflugverkehrs und die hohen Betriebskosten der An-24W zwangen dazu, diese Antonows 1976/77 außer Dienst zu stellen. Sie sollten - außer der DM-SBA - als Geschenk der Sozialistischen Republik Vietnam übergeben werden. Dazu wurden sie nach ihrer Außerdienststellung schrittweise nach Kiew geflogen (Bild oben links - am 23. März 1976 mit Flugkapitän Fritz Lucas am Steuer) und bekamen im dortigen Reparaturwerk eine Grundüberholung. Anschließend überführte man sie zurück nach Berlin-Schönefeld (vgl. linkes Foto der DM-SBE). Von hier aus traten sie dann nacheinander den langen Überführungsflug nach Südostasien an. In Vietnam waren die Ex-Interflug-An-24W bei der nationalen Fluggesellschaft Hang Khong Viet Nam bis 1991 im Einsatz. Darunter war auch die im

134   Transport- und Verkehrsflugzeuge

Januar 1967 als siebente An-24W zur Flotte gestoßene DM-SBH. Doch die Interflug war hier nur Betreiber des Flugzeugs. Halter war das Ministerium für Staatssicherheit, MfS in seiner Fluggruppe X (zehn). Äußerlich mit normaler Interflugbemalung versehen (Foto links unten), hatte die Maschine jedoch eine Saloneinrichtung und führte ausschließlich Flüge im Interesse des Mielke-Ministeriums durch.

Transport- und Verkehrsflugzeuge 135

Bei der NVA dienten von 1980 bis 1990 zwölf Transporter Antonow An-26, die auch noch bis 1992 in das LTG 65 der Bundeswehr übernommen wurden.

Die Maschinen wurden in der Transportfliegerstaffel TS-24 Dresden-Klotzsche für Truppen- und Lastentransporte eingesetzt. Ebenso dienten sie dem Absetzen von Fallschirmjägern und dem Lastenabwurf bis zu einem Minimum von drei bis fünf Metern über dem Erdboden. Außerdem kamen sie für Ausbildungs-, Mess-, Aufklärungs- Sicherstellungs- und Seenotrettungsflüge unter allen Wetterbedin-gungen zum Einsatz. Dazu hatte die An-26 eine Heckladeluke mit Auffahrrampe und Klappsitze für bis zu 39 Fallschirmjäger. In den 80er Jahren gab es ausländische Hilfseinsätze in Äthiopien (Bild links oben) und Mozambique (darunter) mit zivilen Kennungen. Die An-26 der NVA bewährten sich hier sehr gut. Die TS-24 führte mit der An-26 auch dreimal wöchentlich Linienflüge unter Interflug-Flugnummern zwischen Berlin-Schönefeld und Lwow durch. Die Passagiere waren hauptsächlich Arbeiter, die an einer Erdgaspipeline in der Ukraine zu tun hatten. Leider gibt es von den letztgenannten Einsätzen noch keine Fotos.

136 Transport- und Verkehrsflugzeuge

Transport- und Verkehrsflugzeuge 137

Insgesamt flogen 18 Turbopropmaschinen des Typs Iljuschin IL-18W und D in der DDR. Die ersten fünf dienten zunächst in der blauen Bemalung der Deutschen Lufthansa (Foto der STB unten). Für den Bedarfsluftverkehr, besonders für die Messeflüge in das westliche Ausland, war schon im September 1958 die Interflug als zweites Luftverkehrsunternehmen der DDR gegründet worden. Zur Leipziger Frühjahrsmesse 1963 gab es dann zum ersten Mal Messeflüge mit IL-18 nach Prag, Wien, Stockholm und Kopenhagen. Dazu hatte man den Deutsche Lufthansa-Schriftzug und den Kranich von den Flugzeugen entfernt und durch Interflug-Aufschrift ersetzt (Foto der STA unten). Wenn die Flugzeuge wieder auf regulären Lufthansa-Linien flogen, malte man sie wieder um.

Auf Befehl Nr. 60/57 des Ministers für Nationale Verteidigung bildeten die Luftstreitkräfte der NVA 1957 eine Regierungsfliegereinheit unter dem Namen Selbständige Transportfliegerstaffel STS-29. Zunächst mit IL-14 ausgerüstet, erhielten die Regierungsflieger ihre erste IL-18W am 28. Oktober 1960 mit der taktischen Nummer '493'. Später folgten die '499' und die '497' sowie eine weitere IL-18 mit der Zivilregistrierung DM-STH. Letztere Maschine erhielt die Interflugbemalung, eine Praxis der LSK/LV-Regierungsflieger, die auch bei ihren späteren Flugzeugtypen angewandt wurde. Eingesetzt wurden die IL-18 der „Reg-Staffel", wie die Einheit im täglichen Sprachgebrauch hieß, für Flüge mit dem Regierungschef und anderen hochrangigen Mitgliedern von Partei und Staatsführung, wie links bei einem Aus-

138 Transport- und Verkehrsflugzeuge

landsflug nach Hanoi. Die NVA-IL-18 hatten eine Salonausstattung mit Firstclass-Sitzen, Tischen mit Drehsesseln, Couch und Schreibbüro. Das Foto links oben zeigt übrigens keine Militärmaschine und deren Besatzung. Es ist vielmehr eine der beim Chef der Interflug, Generaldirektor Henkes, so beliebten Großveranstaltung mit Paradecharakter. Wie man auf dem Foto auf Seite 130 sehen kann, wurden für die effektvollen tiefen Überflüge schon mal diverse Sondergenehmigungen eingeholt. Einige IL-18 sind zu Wendezeiten noch für die ausgegründete Fluggesellschaft BerLine zu Frachtflugzeugen umgebaut worden, andere, wie die ex ´493´ (unten rechts als STD), mussten demontiert werden – letztere kam nach Helmstedt.

Transport- und Verkehrsflugzeuge 139

140   Transport- und Verkehrsflugzeuge

Beim Aufbau einer DDR-Flugzeugindustrie mussten Erfahrungen im Flugzeugbau zunächst wieder erworben und Facharbeiter herangebildet werden. Dazu übergab die Sowjetunion die gesamte Produktionsdokumentation und ein Musterflugzeug IL-14 (DDR-AVI) an das Flugzeugwerk Dresden, wo man in eigener Verantwortung die Konstruktion überarbeitete und die IL-14P mit zunächst 26 Passagierplätzen ausstattete. Später wurde eine Erweiterung auf 32 Plätze vorgenommen. Am 11. Oktober 1955 startete in Dresden die erste in der DDR gebaute Maschine mit dem Kennzeichen DDR-AVF – später DM-ZZB. Das fünfte Serienflugzeug wurde am 4. Juli 1957 bei der DLH als DM-SAA in Dienst gestellt, ihm folgten im gleichen Jahr noch sieben Maschinen. Im I. Quartal 1958 kamen weitere drei IL-14 aus Dresden dazu, und 1959 wurden noch einmal drei Maschinen mit einer großen Ladeluke an der rechten Bordseite als Frachtflugzeuge übernommen. Das Foto einer DM-ABL (rechts) gibt Rätsel auf, da diese Registratur bisher nicht bekannt war.

Transport- und Verkehrsflugzeuge 141

142 Transport- und Verkehrsflugzeuge

Transport- und Verkehrsflugzeuge 143

Am 1. Dezember 1970 führte die DM-SEA den ersten Linienflug auf der Strecke Berlin-Moskau durch. Mehrere Linien wurden auf die Iljuschin IL-62 umgestellt, und auch bei Charterflügen kamen die Jets zum Einsatz. Undichtigkeit in der Klimaanlage verursachte am 14. August 1972 eine erste Katastrophe bei der Interflug bei Königs-Wusterhausen mit der DM-SEA kurz nach dem Start. Alle 148 Passagiere und acht Besatzungsmitglieder kamen ums Leben. Ab 1980 beschaffte die Interflug die verbesserte Version IL-62M, es hatte Triebwerke vom Typ Solowjew D-30KU. Diese verbrauchten 15 Prozent weniger Kraftstoff gegenüber den Kusnetzow NK-8-4 der IL-62. Auch besaß die M-Version eine vereinfachte, effektivere Schubumkehr. Neben vielen anderen Verbesserungen verfügte die M auch über einen 5000 Liter fassenden Integraltank in der Seitenflosse. Dadurch verbesserten sich ihre Flugleistungen und Handlingeigenschaften spürbar. Die IL-62M war in den 80er Jahren das wirtschaftlichste Flugzeugmuster der Interflug.

144 Transport- und Verkehrsflugzeuge

Transport- und Verkehrsflugzeuge 145

Die Verbindungsfliegerstaffel VS-14 der NVA in Strausberg ersetze seine VIP-An-14 im Dezember 1980 durch vier Let L-410UVP(S). Diese hatten bei Lieferung Tarnanstriche mit unterschiedlichen, bisher in den LSK/LV ungebräuchlichen individuellen Mustern. Anfang der 80er Jahre formierte sich aus dem Bestand Offiziersschule der LSK/LV in Kamenz die Transportfliegerausbildungsstaffel TAS-45. Die TAS-45 erhielt von 1981 bis 1983 schrittweise acht L-410UVP und betrieb sie zusammen mit 12 An-2 und drei Z-43. Diese Turbolets hatten im Unterschied zu den Strausberger Maschinen eine große, nach innen aufschiebbare Ladeluke in den Abmessungen 1,25 x 1,46 Meter. Für sie verwendete man die interne Bezeichnung L-410UVP(T) oder kurz L-410T, wie Transport.

146 Transport- und Verkehrsflugzeuge

Der aus dem Betriebsteilen Bildflug und Spezialflug der Interflug hervorgegangene neue IF-Betrieb für Forschungs-, Industrie- und Fernerkundungsflug, kurz FIF genannt, verfügte Anfang der 80er Jahre nur über drei Fotoflugzeuge An-2. Der Bedarf an Luftbildbefliegung für alle Bereiche der Wirtschaft war aber sprunghaft angestiegen, zumal sich die LSK/LV größtenteils von diesen Aufgaben zurückgezogen hatte. Deshalb beschaffte die Interflug Flugzeuge vom Typ L-410UVP. Es kamen 1982 drei und 1983 nochmals drei Turbolets in den Bestand. Die Maschinen waren mit zwei großen verschließbaren Kameraluken im Rumpfboden versehen, außerdem hatten sie eine verschließbare Luke für das Navigations- und Kameravisier sowie eine Sauerstoffversorgung für alle Arbeitsplätze.

Ab 1985 wurden einige Maschinen zeitweise zu Salonflugzeugen für zahlungskräftige Besucher der Leipziger Messe umgerüstet.

Transport- und Verkehrsflugzeuge

148   Transport- und Verkehrsflugzeuge

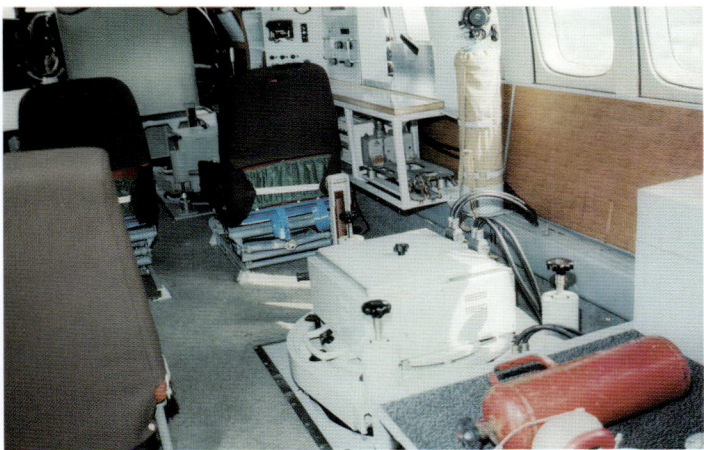

Transport- und Verkehrsflugzeuge 149

150   Transport- und Verkehrsflugzeuge

Transport- und Verkehrsflugzeuge 151

1988 entschied sich die NVA zum Kauf von zunächst zwei Mittelstreckenverkehrsflugzeugen des Typs Tupolew Tu-154M für das Transportfliegergeschwader TG-44 der LSK/LV. Ein drittes Flugzeug war für das Frühjahr 1990 geplant. Bedingt durch die Wende wurde dieser Kauf aber gestoppt. Die Variante Tu-154M, ein Nachfolgemuster der Tu-154, ist dank der moderneren Triebwerke deutlich sparsamer und leiser als das Vorgängermodell, so dass sie nach der Richtlinie ICAO Stage III zugelassen wurde. Die verwendeten Triebwerke D-30KU waren identisch mit denen der IL-62, aber werkseitig um rund zehn Prozent leistungsreduziert und zur Lärmdämmung mit einem modernen Diffusor im TW-Einlauf versehen. Nach der Auflösung der NVA im Oktober 1990 gingen beide Maschinen in den Bestand der Luftwaffe, genauer der Flugbereitschaft des Bundesverteidigungsministeriums, über. Am 28. Oktober 1994 wurde die 11+02 (ex SFB) als erste „Open-Sky"-Maschine fertiggestellt und dem Zentrum für Verifikation in Köln/Bonn übergeben. Leider kam es ein Jahr später zum tragischen Verlust dieses Flugzeugs vor der Küste Westafrikas, der 33 Menschen das Leben kostete. Danach hat man die Umbauarbeiten an der zweiten Maschine abgebrochen; sie wurde inzwischen nach Bulgarien verkauft.

152 Transport- und Verkehrsflugzeuge

Transport- und Verkehrsflugzeuge 153

154   Transport- und Verkehrsflugzeuge

Die Interflug hatte im Jahre 1983 mit 23 Maschinen ihren größten Bestand an Tu-134/134A - ihrem Arbeitspferd. Jedoch waren die Maschinen ein ökonomischer Alptraum bei rund 1400 Flugstunden pro Jahr, einem Kraftstoffverbrauch von 2,9 Tonnen pro Stunde und ständigen technischen Problemen. Ende der 80er Jahre bekam die Interflug wegen des hohen Lärmpegels der Triebwerke zunehmend auch Schwierigkeiten beim Einsatz der Tu-134A. Zahlreiche westliche Flughäfen verlangten deshalb steigende Gebühren oder verweigerten sogar die Slots. Das Ende der DDR löste dieses Problem. Die Interflug wurde liquidiert und die verbliebenen Tu-134A hat man in die Sowjetunion/GUS verkauft.

Transport- und Verkehrsflugzeuge

156   Transport- und Verkehrsflugzeuge

Transport- und Verkehrsflugzeuge 157

Als 1964 die Entscheidung zur Beschaffung von drei Maschinen für die NVA fiel, war die Tu-124 schon knapp zwei Jahren im Liniendienst der Aeroflot. Die erste Tu-124 traf im Oktober 1964 in Marxwalde (heute wieder Neuhardenberg) ein. Sie trug militärische Hoheitszeichen und die taktische Nummer '495'. Die beiden 1965 folgenden Maschinen dagegen hatten volle Interflugbemalung und die zivilen Registrierungen DM-SDA und SDB. Sie wurden vorwiegend für Flüge mit Staatsdelegationen der DDR genutzt, die über westliche Länder führten. Diese hätten den NVA-Militärmaschinen der Regierungsfliegerstaffel sonst die Überflugrechte verweigert. Unten gibt es übrigens ein interessantes Foto vom Flughafen Erfurt–Bindersleben, und oben rechts ist ein BV dokumentiert.

158   Transport- und Verkehrsflugzeuge

Transport- und Verkehrsflugzeuge 159

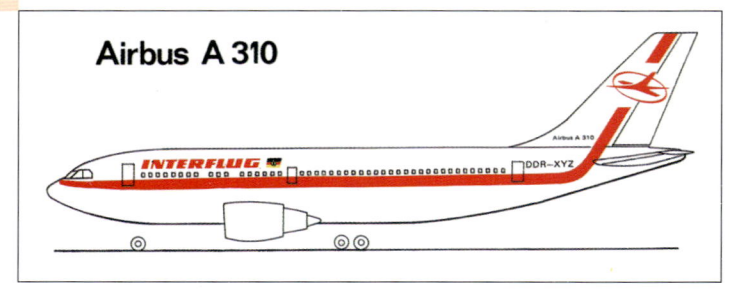

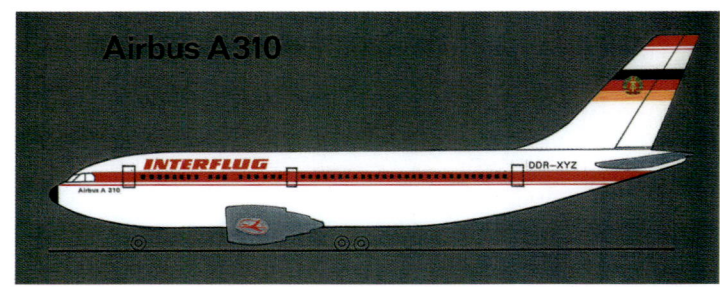

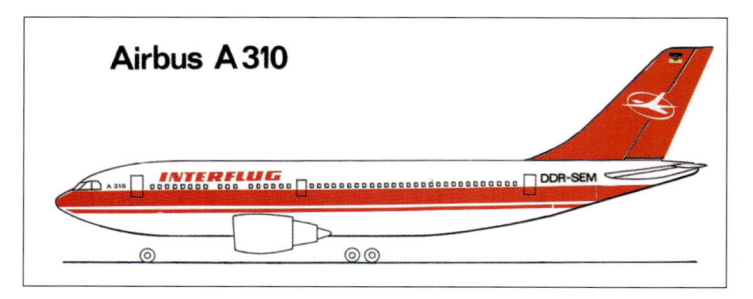

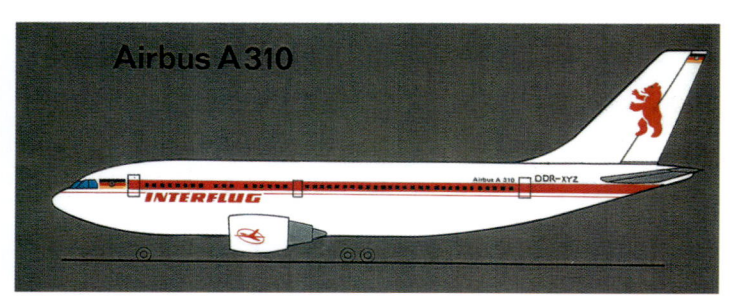

Airbus A 310
Airbus A 310
Airbus A 310
Airbus A 310
Airbus A 310
Airbus A 310
Airbus A 310

„Planung und Realität" könnte man diese beiden Seiten überschreiben. Während auf der linken Seite die Entwürfe für die Bemalung der neuen Airbusse aus dem Büro des damaligen IF-Chefs Henkes zu sehen sind, ist als abschließendes Foto der letzte und neueste IF-Airliner zu sehen.

160 Transport- und Verkehrsflugzeuge

Transport- und Verkehrsflugzeuge   161

Hubschrauber

Die Deutsche Lufthansa der DDR übernahm am 18. Juni 1959 ihre ersten beiden Mi-4A von der NVA und setzte sie für funktechnische Messflüge, Fernsehübertragungen sowie für Erkundungs- und Rettungsflüge ein. Weitere NVA-Maschinen trafen 1961/62 in Diepensee ein, insgesamt kamen sechs verschiedene Mi-4A in die Dienste der Airline. Pionierarbeit leisteten die Hubschrauberbesatzungen der DLH bzw. später der Interflug bei der Entwicklung von Logistik und Technik des hochpräzisen Kranflugs. Speziell bei Montagearbeiten in Groß- und Industriebetrieben wurden Methoden entwickelt, um möglichst keine Beeinträchtigungen zuzulassen, die zu Produktionsstillstand oder Ausfall geführt hätten. Das ging nicht immer ohne Lehrgeld ab – so stürzte 1962 der DM-SPC beim Setzen von trigonometrischen Punkten im Thüringer Wald ab. Die Fotos vermitteln ein wenig von der Atmosphäre dieser spannenden und komplizierten Luftarbeit. Bei der SPE und SPF sind bei verschiedenen Einsätzen keine bzw. flachere Bodenwannen (vgl. unsere Zeichnung) verwendet worden.

Hubschrauber 163

164   Hubschrauber

Die Einsatzaufgaben der Interflug Mi-4A waren vielfältig. Während links oben der SPB als fliegende Relaisstation zur Übertragung beim jährlichen Radsportereignis „Friedensfahrt" dient, parkt unten die „Papa Fox" auf einen Sportplatz 1968/69 in Schwarze Pumpe nach Beendigung eines Sicherungsfluges. Hierbei wurden Schornsteinmaurer direkt an die Schornsteinkronen (vgl. mittleres Foto auf Seite 163) geflogen, und durch Seile bei ihrer Arbeit mit dem Hubschrauber gesichert.

Oben fliegt die gleiche Maschine auf Rügen im Jahr 1970 für den DEFA-Film „Axel Cäsar Springer" im Bw-Loock. Die untere Aufnahme stammt vom Sommer 1971. Damals durfte die Interflug mit ihren Maschinen noch nicht über Berlin fliegen. Deshalb mussten Rettungsflüge in Schönefeld enden und die Verletzten in einen Sankra umgeladen werden.

Hubschrauber **165**

Im Sommer 1957 erhielt die NVA ihre ersten sechs Hubschrauber mit Kolbenmotor vom Typ Mi-4A. Der kleinere Mi-1/SM-1 folgte etwas später. Diese ersten Hubschrauber teilte man der neu gebildeten Transportfliegerschule in Dessau zu, aus der schließlich das Hubschraubergeschwader HG-31 mit Standort Brandenburg-Briest herausgelöst wurde. Das Geschwader, ab 1971 in HG-34 umbenannt, wurde nun zu Basis und Keimzelle aller militärischen und zivilen Hubschrauberaktivitäten in der DDR. Die Fotos links mit dem Eisenbahnwaggon für die KRS stammen aus dieser Zeit. Alle später gebildeten Hubschraubereinheiten der Marine, der Grenztruppen, der Landstreitkräfte und die Hubschrauberstaffeln der DLH/Interflug sowie der Volkspolizei wurden mit Personal und Technik aus Brandenburg-Briest aufgebaut. Der Bestand an Mi-4A stieg durch weitere Zuführungen maximal auf etwa 50 Maschinen. Sie dienten in der NVA zum Transport von Personal und Ausrüstung und wurden im Such- und Rettungsdienst sowie im Sanitätsdienst verwendet. Im Laufe der Jahre kamen neue Einsatzvarianten, wie z.B. Absetzen von Luftlandetruppen, Legen von Landminen und Aufgaben für die Volksmarine der DDR hinzu. Die Fotos zeigen den Flugbetrieb in Brandenburg-Briest. Unten wird an der takt. Nummer ´567´ eine feldmäßige Wartung durchgeführt, der ´564´ wurde 1964 fotografiert, und unten rechts wird der ´576´ angelassen. Die gezeigten Fotos sind trotz der links ersichtlichen Verbote entstanden.

Hubschrauber 167

Auch die 1964 gebildeten Hubschrauberketten der Grenztruppen in Meiningen (Süd) und Salzwedel (Nord) erhielten den Mi-4A. Bereits nach dem Mauerbau wurden mit dem ´576´ der Grenzkette Berlin (oben) Fotoaufklärungsflüge entlang der Grenze zu West-Berlin gemacht. Die vom Luftbildoperateur (darunter) mit einer AFP-21/K festgehaltenen Aufnahmen wurden sogleich zur Luftbildauswertung nach Cottbus geflogen. Unten ist das Einzelexemplar '563', ein Mi-4S Salonhubschrauber mit entsprechender Inneneinrichtung, während einer Übung 1963 bei Forst zu sehen.

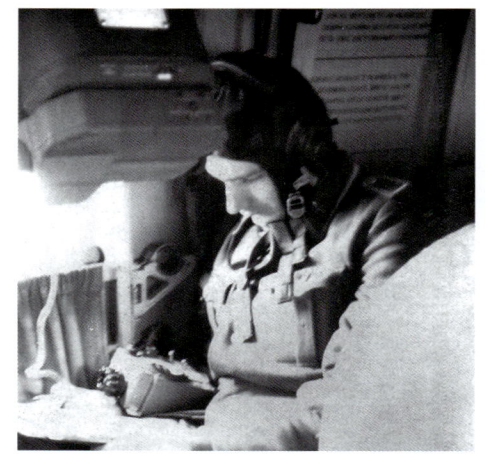

1965 beschaffte man vier Exemplare einer speziellen U-Boot-Abwehrversion Mi-4MÄ, die später in das Marinehubschraubergeschwader MHG-18 übernommen wurden. Auch die Maschine rechts mit den typischen „Schiffsnummern" gehörte zur Volksmarine.
Die ´581´ hatte am 29. Mai 1964, und der ´526´am 8. August 1964 einen Unfall. Hier werden deren Reste als Schrott in Brandenburg-Briest zerlegt.

168   Hubschrauber

Hubschrauber

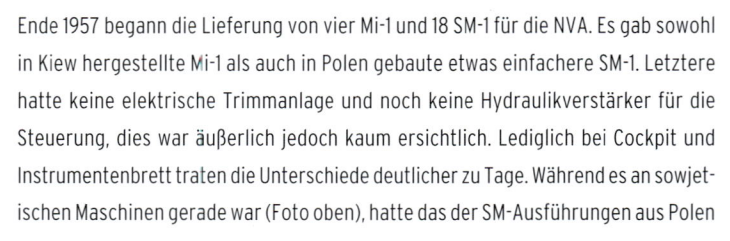

Ende 1957 begann die Lieferung von vier Mi-1 und 18 SM-1 für die NVA. Es gab sowohl in Kiew hergestellte Mi-1 als auch in Polen gebaute etwas einfachere SM-1. Letztere hatte keine elektrische Trimmanlage und noch keine Hydraulikverstärker für die Steuerung, dies war äußerlich jedoch kaum ersichtlich. Lediglich bei Cockpit und Instrumentenbrett traten die Unterschiede deutlicher zu Tage. Während es an sowjetischen Maschinen gerade war (Foto oben), hatte das der SM-Ausführungen aus Polen noch ein abgeknicktes Paneel auf der rechten Seite. Die Mi-1/SM-1 dienten in der NVA für Kurier- und Verbindungsflüge, der visuellen Aufklärung sowie für Schul- und Sanitätsflüge. Die Grenzketten Nord, Süd und Berlin erhielten ab 1964 Mi-1/SM-1 vom HG-31 und flogen sie bis 1970. Die Privatfotos auf der rechten Seite stammen zumeist von einer Übung bei Forst/Lausitz im Jahre 1963.

172   Hubschrauber

Das als Faksimile abgedruckte Dokument einer GVS (Geheime Verschlusssache) rechts schließt wieder eine Lücke in unserer tabellarischen Aufstellung des ersten Bandes. Es geht dabei um den Absturz eines SM-1, Bordnummer 502, der 2. Hubschrauberkette (Süd) der Grenztruppen der DDR am 27. Juli 1965 gegen 16:50 Uhr bei Gössnitz/Kreis Pößneck. Während die dreiköpfige Besatzung mit leichten Prellungen und Schürfwunden in ein Krankenhaus eingeliefert wurde, entstand am Hubschrauber offenbar Totalschaden. Unten wird die takt. Nr. ´548´ der Grenzkette Berlin angelassen. Das Foto entstand noch 1963/64 in Brandenburg-Briest, 1965 löste man diese Kette auf. Die Fotos links entstanden in Dessau bzw. den Grenzketten.

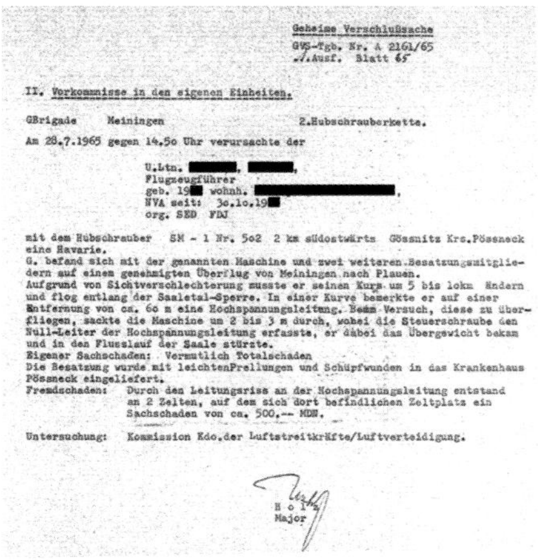

Hubschrauber 173

Erst im Dezember 2003 – und damit 13 Jahre nach dem Ende der DDR – wurde in Berlin der letzte Ex-Volkspolizei-Hubschrauber Mi-2, nun mit den Bundesdeutschen Kennzeichen D-HZPI, außer Dienst gestellt. Offenbar ein Indiz für die Qualität und Zuverlässigkeit dieser mit vollständiger Rotorblatt-Enteisung ausgerüsteten Maschine aus den PZL-Werken in Swidnik/Polen. Auf den unteren Fotos sind diese Maschinen noch in den damaligen Farben zu sehen. Insgesamt hatte die DDR 54 Maschinen auch für die NVA und die Grenztruppen angeschafft. Darüber hinaus dienten über die Interflug gecharterte Mi-2 in der Landwirtschaft bei Aviochemischen Einsätzen (siehe dazu Band III). Oben ist eine Maschine der sogenannten Fotokette zu sehen und rechts eine Maschine des im Jahre 1990 schnell geschaffenen Luftrettungssystems der SMH, der Schnellen Medizinischen Hilfe. Neben den Wartungsfotos auf der rechten Seite, ist das Foto vom Eröffnungsbild einer GST-Flugschau 1975 in Magdeburg recht eindrucksvoll.

Hubschrauber 175

Die Wirtschafts- und Spezialflugabteilung der Interflug beschaffte ab 1967/68 zunächst zwei Maschinen und bis 1985 noch fünf weitere Turbinenhubschrauber Mi-8T. Hauptaufgabe dieser Maschinen war der Kranflug im Außenlastbetrieb. Die Piloten brachten die Kranflugtechnik zur Perfektion, und die Hubschrauber wurden für diesen Verwendungszweck entsprechend modifiziert. Äußeres Kennzeichen dieser Hubschrauber war eine Plexiglashaube in der linken Schiebetür. Von hier aus koordinierte der Bordmechaniker das Aufnehmen und Absetzen der Lasten. Montage von Industrieanlagen (links), Aufstellen von Strommasten und Versetzen von Tagebaugeräten waren neben einer Vielzahl anderer Einsatzvarianten die Hauptaufgaben der fliegenden Kräne. Die Elektrifizierung der Deutschen Reichsbahn konnte nur durch den intensiven Einsatz der Mi-8-Hubschrauber so zügig erfolgen. Sie setzten Masten und zogen Bahnenergieleitungen an den meisten Bauabschnitten und zwar ohne Unter-bre-

176 Hubschrauber

chung des Zugbetriebes. Während Rettungsflüge für das Rote Kreuz der DDR (Bild oben mit Sankra des Typs Barkas B 1000) auch zum Repertoire gehörten, sind Außenlastflüge, wie mit dieser Jak-11 in der ČSSR (rechts außen), nicht immer einfach gewesen. Eine Besonderheit waren Flüge mit Mess-Sonden zur Boden- und Lagerstättenerkundung in Auftrage des VEB Geophysik Leipzig und der SDAG Wismut. Der IF-Hubschrauber wurde Tag und Nacht im „Gatter" bewacht und extra angestrahlt, um die damals in Kanada beschaffte teure und empfindliche Computertechnik zu schützen.

Hubschrauber **177**

178 Hubschrauber

Die Fotos oben und rechts zeigen den u.a. mit Bomben bewaffneten ´838´ kurz vor einem Übungsflug auf den Bodenschießplatz Jerischke an der polnischen Grenze unweit des Flugplatzes Preschen.

In Berlin-Schönefeld ist diese bewaffnete Maschine unten fotografiert worden. Sie hatte während eines Schneekatastrophenwinters Zivilpersonen zur ärztlichen Behandlung in die Charité geflogen.

SEITE 178:
Der ausführlich im zweiten Band vorgestellte Hubschrauber Mil Mi-8/-9 gehörte mit insgesamt 116 beschafften Exemplaren zweifellos zu den „Arbeitspferden" der NVA-Hubschraubereinheiten. Hier werden noch ein paar Raritäten gezeigt. Da ist zunächst ein Salonhubschrauber des Regierungsgeschwaders TG-44 in getarnter Ausführung im Dienst der Schnellen Medizinischen Hilfe (SMH) - hier 1990 im Armeelazarett Bad Saarow. Darunter eine Maschine bei der Wartung.
Unten ebenfalls ein Salonhubschrauber des TG-44, allerdings noch in seiner „edlen" Bemalung in Berlin-Schönefeld.

Hubschrauber 179

180   Hubschrauber

Anfang der 70er Jahre schlug der damalige Innenminister der DDR, Friedrich Dickel, die Bildung von Polizeifliegerkräften vor. Als Hubschraubertyp wählte man den Ka-26 aus, der bereits bei der Interflug im Einsatz war. Für die Einsatzerprobung benutzte man auch einen Kamow der Interflug. Dazu verschwand der Interflug-Schriftzug an den Bordwänden unter „Volkspolizei"-Blechschildern, wie unten links gezeigt. Die polizeiliche Hauptaufgabe war die Verkehrsüberwachung, vorrangig der Transitstrecken und von Verkehrsknotenpunkten rund um die Hauptstadt, vor allem an Wochenenden. Hinzu kamen Suchflüge zur Fahndung nach Personen, Kontrollflüge bei Katastrophen oder Großveranstaltungen und normale Transport/ Kurierflüge. Einer von insgesamt drei Kamow ging 1980 verloren, als er bei Hochnebel in eine unkontrollierte Fluglage geriet und nahe Bad Düben abstürzte. Die verbliebenen Ka-26 dienten bei der Volkspolizei, ab 1983 zusammen mit Mi-2 Hubschraubern, bis zum Ende der DDR.

Hubschrauber 181

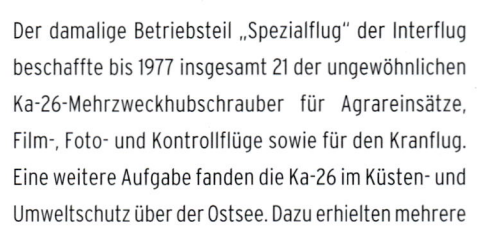

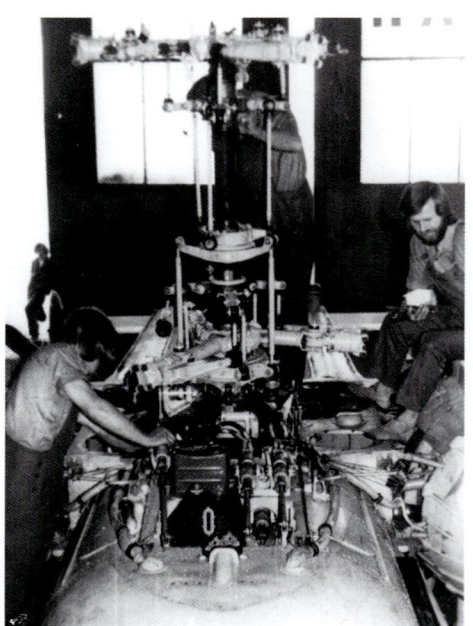

Der damalige Betriebsteil „Spezialflug" der Interflug beschaffte bis 1977 insgesamt 21 der ungewöhnlichen Ka-26-Mehrzweckhubschrauber für Agrareinsätze, Film-, Foto- und Kontrollflüge sowie für den Kranflug. Eine weitere Aufgabe fanden die Ka-26 im Küsten- und Umweltschutz über der Ostsee. Dazu erhielten mehrere

Maschinen (SPH, SPI und SPV) eine Seeausrüstung mit aufblasbarer Notschwimmeranlage und weiteren Spezialausrüstungen. Die sowjetische Seeausrüstung mit außen liegendem Kraftstoffzusatzbehältern erwies sich als zu schwer und wurde bei der Interflug geändert. Insgesamt war der zuverlässige und robuste Kamow bei seinen Besatzungen und Technikern gleichermaßen beliebt.

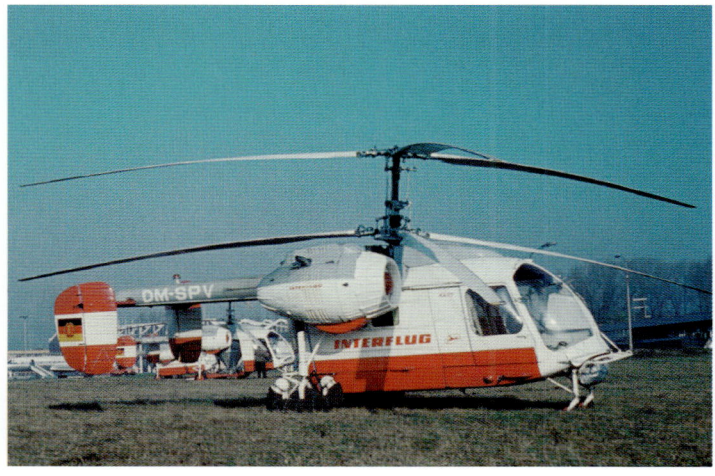

Hubschrauber **183**

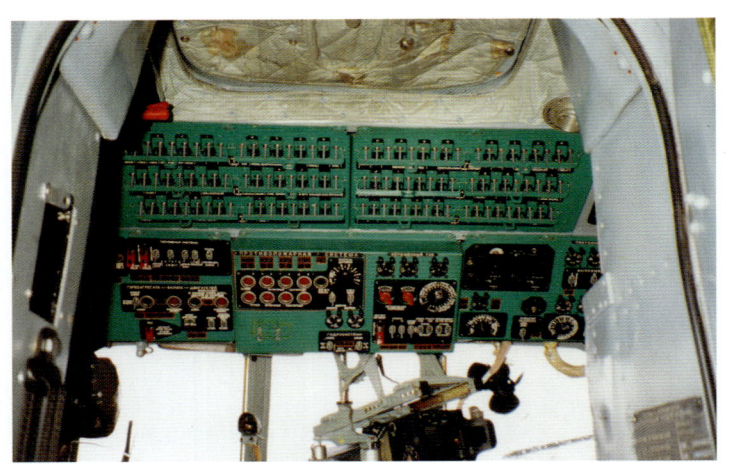

Nach einer rund dreijährigen Lücke im UAW-System der Volksmarine beschaffte die DDR 1979 neun Anti-U-Boot-Hubschrauber Mi-14PL für das spätere MHG-18 „Kurt Barthel". Ab 1985 gab es weitere Verstärkung durch sechs Minenabwehr (MAW) Hubschrauber Mi-14BT. Diese Hubschrauber hatten keine Ortungs- und Waffenanlagen, dafür verfügten sie über eine hydraulische Winde zum Schleppen von Räumgeräten gegen akustische, Magnet- und Kontaktminen.

Rechts oben sind für SAR-Aufgaben umgerüstete BT-Maschinen zu sehen. Vor der ´648´ ist am 3. August 1990 eine Marine-Besatzung auf dem LSK/LV-Stützpunkt in Peenemünde zur Übernahme des SAR-Dienstes angetreten. Das Cockpitfoto oben mit Wetterradar stammt aus der BT ´655´und unten ist ein PL-Cockpit, sowie rechts der Steuermannsplatz und der Bordmechanikersitz zu sehen.

Hubschrauber 185

186   Hubschrauber

In der Regel wurden die UAW-Hubschrauber Mi-14PL paarweise verwendet, wobei eine Maschine in der sogenannten Suchvariante den Magnetanomaliedetektor APM-60 oder eine größere Menge an hydroakustischen Funkbojen einsetzte, um U-Boote über längere Zeit zu orten und zu verfolgen. Die andere Maschine handelte in der sogenannten Schlagvariante. Die Mi-14PL war auch für den Einsatz von zielsuchenden Torpedos geeignet. Diese standen der NVA aber offenbar nicht zur Verfügung, denn deren Einsatz wurde nie trainiert.

Dafür gab es allerlei „Sperr und Gerümpel" (Marineslang der DDR-Hubschrauberbesatzungen für alles Waffen Betreffende), für die Schlagvariante des Marinehubschraubers Mi-14PL. Dabei war die maximale Kapazität zwei Tonnen Abwurfwaffen: In der ersten Reihe liegen auf dem Foto unten 250-kg-Bomben. Davon konnten acht mitgeführt werden. In der Reihe dahinter liegen 12 von insgesamt 16 Stück möglichen 50-kg-Bomben. Auch diese wurden an den seitlich im Bombenschacht befindlichen Waffenträgern befestigt. Die acht Objekte dahinter links sind dentisch mit dem einen stehenden, allesamt hydroakustische Funkbojen RGB-MN. Sie konnten an den gleichen Waffenträgern angebracht werden wie die Bomben. Üblicherweise wurden sie aber in einen der rechts zu sehenden Container montiert. So konnte man maximal 36 Bojen in zwei dieser Container mitführen. Die vier kleineren Objekte neben der Besatzung sind Markierungsbojen. Davon zwei mit Farbe, die im Wasser grün wird, und zwei mit Leuchtmittel für den Nachteinsatz. Sie wurden bei Bedarf aus den vier senkrecht vor dem Tauchsonar angebrachten Abwurfrohren abgeworfen. Dahinter steht das mit einem Kabel zur Maschine verbundene Tauchsonar OKA 2.

Hubschrauber 187

Hubschrauber

Nicht zuletzt auf Drängen der UdSSR nach offensiven Fliegerkräften beschaffte die DDR, als erster Staat des Warschauer Paktes, ab 1978/79 den Mi-24D für ihre neu gebildeten Kampfhubschraubergeschwader. Bis 1983 befanden sich bereits 42 Maschinen im Bestand der beiden KHG's, die dem neu gebildeten, „Führungsorgan der Front und Armeefliegerkräfte" unterstanden. Beide Kampfhubschraubergeschwader löste man 1984 aus den LSK/LV heraus und unterstellte sie den Landstreitkräften. 1989 erhielt das KHG-5 noch einmal Verstärkung durch die Zuführung von 12 Maschinen der stark verbesserten Version Mi-24P. Diese hatte statt des beweglichen MG's eine feste doppelläufige 30-mm-Kanone GSch-30-II. Auch konnte man modernere Panzerabwehrlenkraketen 9M 114 „Schturm-W" und eine erweiterte Palette an Außenlasten mitführen.

Hubschrauber 189

Übersicht – die Militärflugzeuge der DDR
Stand: September 1990

Übersicht aller NVA - Flugzeuge zur Vereinigung bzw. unmittelbar vor Übernahme in die Bundeswehr, mit Geschwader- und Standortaufteilung, Unterstellung, und vergebenen Bw/Lw-Kennzeichen

Unterstellung	Geschwader	Kürzel	Standort	Ehrenname der Einheit	Flugzeuge je Standort	Ausstattung mit Flugzeugtyp	Anzahl	Gesamt	zugeteilte Bw/Lw-Kenzeichen
1. LVD	Jagdfliegergeschwader 1	JG-1	Holzdorf	Fritz Schmenkel	51	MiG-21SPS-K	7	21	22-01 bis 22-07
1. LVD	Jagdfliegergeschwader 1	JG-1	Holzdorf	Fritz Schmenkel		MiG-21MF	35	47	23-03 bis 23-37
1. LVD	Jagdfliegergeschwader 1	JG-1	Holzdorf	Fritz Schmenkel		MiG-21UM	9	36	23-50 bis 23-58
3. LVD	Jagdfliegergeschwader 2	JG-2	Trollenhagen	Juri Gagarin	55	MiG-21SPS-K	12		22-08 bis 22-19
3. LVD	Jagdfliegergeschwader 2	JG-2	Trollenhagen	Juri Gagarin		MiG-21M	31	56	22-46 bis 22-76
3. LVD	Jagdfliegergeschwader 2	JG-2	Trollenhagen	Juri Gagarin		MiG-21UM	8		23-70 bis 23-77
3. LVD	Verbindungsfliegerkette	33	VFK-33	Trollenhagen		An-2	2		
3. LVD	Verbindungsfliegerkette	33	VFK-33	Trollenhagen		Zlin Z-43	2		
1. LVD	Jagdfliegergeschwader 3	JG-3	Preschen	Wladimir Komarow	55	MiG-21MF	12		23-38 bis 23-49
1. LVD	Jagdfliegergeschwader 3	JG-3	Preschen	Wladimir Komarow		MiG-21UM	3		23-59 bis 23-61
1. LVD	Jagdfliegergeschwader 3	JG-3	Preschen	Wladimir Komarow		MiG-29	20	20	29+01 bis 29+21
1. LVD	Jagdfliegergeschwader 3	JG-3	Preschen	Wladimir Komarow		MiG-29UB	4	4	29+22 bis 29+25
FO FMTFK	Taktische Aufklärungsfliegerstaffel 47	TAFS-47	Preschen			MiG-21M	13		22-77 bis 22-89
FO FMTFK	Taktische Aufklärungsfliegerstaffel 47	TAFS-47	Preschen			MiG-21JM	3		23-81 bis 23-83
1. LVD	Jagdfliegergeschwader 8	JG-8	Marxwalde	Hermann Matern	63	MiG-21JM	8		23-62 bis 23-69
1. LVD	Jagdfliegergeschwader 8	JG-8	Marxwalde	Hermann Matern		MiG-21bis	41	41	24-13 bis 24-59
StM Chef LSK/LV	Transportfliegergeschwader 44	TG-44	Marxwalde	Arthur Piek (Reg.-Staffel)		Tu-134A	3	3	11+10 bis 11+12
StM Chef LSK/LV	Transportfliegergeschwader 44	TG-44	Marxwalde	Arthur Piek (Reg.-Staffel)		Tu-154M	2	2	11+01, 11+02
StM Chef LSK/LV	Transportfliegergeschwader 44	TG-44	Marxwalde	Arthur Piek (Reg.-Staffel)		IL-62M	3	3	11+20 bis 11+22
StM Chef LSK/LV	Transportfliegergeschwader 44	TG-44	Marxwalde	Arthur Piek (Reg.-Staffel)		Mil Mi-8S	6	6	93+50 bis 93+55
3. LVD	Jagdfliegergeschwader 9	JG-9	Peenemünde	Heinrich Rau	48	MiG-23MF	10	10	20-01 bis 20-09
3. LVD	Jagdfliegergeschwader 9	JG-9	Peenemünde	Heinrich Rau		MiG-23ML	28	28	20-10 bis 20-37
3. LVD	Jagdfliegergeschwader 9	JG-9	Peenemünde	Heinrich Rau		MiG-23UB	5	8	20-56 bis 20-60
3. LVD	Zieldarstellungskette 33	ZDK-33	Peenemünde			Aero L-39	3		28-50 bis 28-52
3. LVD	Zieldarstellungskette 33	ZDK-33	Peenemünde			Aero L-39V	2	2	28-48, 28-49
FO FMTFK	Jagdbombenfliegergeschwader 37	JBG-37	Drewitz	Klement Gottwald	35	MiG-23UB	3		20-61 bis 20-63
FO FMTFK	Jagdbombenfliegergeschwader 37	JBG-37	Drewitz	Klement Gottwald		MiG-23BN	18	18	20-38 bis 20-55
FO FMTFK	Taktische Aufklärungsfliegerstaffel 87	TAFS-87	Drewitz			MiG-21N	12		22-90 bis 23-02
FO FMTFK	Taktische Aufklärungsfliegerstaffel 87	TAFS-87	Drewitz			MiG-21LM	2		23-84, 23-86
FO FMTFK	Jagdbombenfliegergeschwader 77	JBG - 77	Laage	Gebhard Lebrecht von Blücher	54	Su-22M-4	23	46	25-01 bis 25-23
FO FMTFK	Jagdbombenfliegergeschwader 77	JBG - 77	Laage	Gebhard Lebrecht von Blücher		Su-22UM-3K	4	8	25-47 bis 25-50
Volksmarine *)	Marinefliegergeschwader 28	MFG- 28	Laage	Paul Wieczoreck		Su-22M-4	23		25-24 bis 25-46
Volksmarine *)	Marinefliegergeschwader 28	MFG- 28	Laage	Paul Wieczoreck		Su-22UM-3K	4		25-51 bis 25-54
FO FMTFK	Verbindungsfliegerstaffel 14	VS-14	Strausberg		18	L-410UVP(S)	4		53+01 bis 53-08 (S - Salonvariante)
Kommando	Verbindungsfliegerstaffel 14	VS-14	Strausberg			An-2	6		
Kommando	Verbindungsfliegerstaffel 14	VS-14	Strausberg			Zlin Z-43	4	12	nicht in Bw/Lw übernommen
Stasi	Fallschirmausbildungsbasis	FAB	Eilenburg	Alfred Scholz	4	An-2			
FO FMTFK	Transportstaffel 24	TS-24	Dresden-Klotzsche		12	An-26	12	12	52+01 bis 52+12

Legende

StM Chef LSK/LV	Stellv. Minister Chef Luftstreitkräfte/Luftverteidigung
Volksmarine *)	nur im Verteidigungsfall, sonst FO FMTFK
Stasi	Ministerium für Staatssicherheit (MfS) - hier für SC Dynamo Eilenburg "Rote Jahne"
OHS LSK/LV	für Militärflieger - Otto Lilienthal - Bautzen
div. St.	diverse Standorte, z.B. Burg, Mehringen, Eilenburg

18	Anzahl der Luftfahrzeuge je Standort
Su-22UM-3K	Gesamtanzahl dieses Luftfahrzeuges in der NVA

Unterstellung	Geschwader	Kürzel		Standort	Ehrenname der Einheit	Flugzeuge je Standort	Ausstattung mit Flugzeugtyp	Anzahl	Gesamt	zugeteilte Bw/Lw-Kenzeichen
1. LVD	Verbindungsfliegerkette	31	VFK-31	Cottbus		46	An-2	4		
1. LVD	Verbindungsfliegerkette	31	VFK-31	Cottbus			Zlin Z-43	2		
LaSK	Kampfhubschraubergeschwader	3	KHG-3	Cottbus	Ferdinand von Schill		Mil Mi-8TB	16	36	93+61 bis 93+76
LaSK	Kampfhubschraubergeschwader	3	KHG-3	Cottbus	Ferdinand von Schill		Mil Mi-9	4	8	93+91 bis 93+94
LaSK	Kampfhubschraubergeschwader	3	KHG-3	Cottbus	Ferdinand von Schill		Mil Mi-24D	20	39	96+01 bis 96+39
LaSK	Kampfhubschraubergeschwader	5	KHG-5	Basephol	Adolf von Lützow	45	Mil Mi-8TB	10		93+81 bis 93+90
LaSK	Kampfhubschraubergeschwader	5	KHG-5	Basephol	Adolf von Lützow		Mil Mi-9	4		93+95 bis 93+98
LaSK	Kampfhubschraubergeschwader	5	KHG-5	Basephol	Adolf von Lützow		Mil Mi-24D	19		
LaSK	Kampfhubschraubergeschwader	5	KHG-5	Basephol	Adolf von Lützow		Mil Mi-24P	12	12	96+40 bis 96+51
FO FMTFK	Transporthubschraubergeschwader	34	THG-34	Brandenburg	Werner Seelenbinder	23	Mil Mi-8T	16	32	93+01 bis 93+18 (ohne +13)
FO FMTFK	Transporthubschraubergeschwader	34	THG-34	Brandenburg	Werner Seelenbinder		Mil Mi-8T	5		94+20 bis 94+24 vorgesehen f. BMI/BGS
FO FMTFK	Transporthubschraubergeschwader	34	THG-34	Brandenburg	Werner Seelenbinder		Mil Mi-8PS	2		93+19, 93+20
Volksmarine	Marinehubschraubergeschwader	18	MHG-18	Paarow	Kurt Barthel	27	Mil Mi-14PL	8	8	95+01 bis 95+08
Volksmarine	Marinehubschraubergeschwader	18	MHG-18	Paarow	Kurt Barthel		Mil Mi-8T	2		94+02, 94+03
Volksmarine	Marinehubschraubergeschwader	18	MHG-18	Paarow	Kurt Barthel		Mil Mi-8PS	1		94+01
Volksmarine	Marinehubschraubergeschwader	18	MHG-18	Paarow	Kurt Barthel		Mil Mi-8TB	10		94+04 bis 94+14 (ohne +13)
Volksmarine	Marinehubschraubergeschwader	18	MHG-18	Paarow	Kurt Barthel		Mil Mi-14BT	6	6	95+09 bis 95+15 (ohne +13)
OHS LSK/LV	Fliegerausbildungsgeschwader	15	FAG-15	Rothenburg	Heinz Kapelle	55	MiG-21SPS-K	2		22-20, 22-21
OHS LSK/LV	Fliegerausbildungsgeschwader	15	FAG-15	Rothenburg	Heinz Kapelle		MiG-21SPS	24	24	22-22 bis 22-45
OHS LSK/LV	Fliegerausbildungsgeschwader	15	FAG-15	Rothenburg	Heinz Kapelle		MiG-21UM	3		23-78 bis 23-80
OHS LSK/LV	Fliegerausbildungsgeschwader	15	FAG-15	Rothenburg	Heinz Kapelle		MiG-21U-400	4	4	23-86 bis 23-89
OHS LSK/LV	Fliegerausbildungsgeschwader	15	FAG-15	Rothenburg	Heinz Kapelle		MiG-21U-600	9	9	23-90 bis 23-98
OHS LSK/LV	Fliegerausbildungsgeschwader	15	FAG-15	Rothenburg	Heinz Kapelle		MiG-21US	13	13	23-99 bis 24-12 (ohne 24-00)
OHS LSK/LV	Fliegerausbildungsgeschwader	25	FAG-25	Bautzen	Leander Ratz	47	Aero L-39	47	50	28-01 bis 28-47
OHS LSK/LV	Transportfliegerausbildungsstaffel	45	TAS-45	Kamenz		27	L-410UVP(T)	8	12	53+09 bis 53+12 (T - Transportvariante)
OHS LSK/LV	Transportfliegerausbildungsstaffel	45	TAS-45	Kamenz			An-2	15	31	nicht in Bw/Lw übernommen
OHS LSK/LV	Transportfliegerausbildungsstaffel	45	TAS-45	Kamenz			Zlin Z-43	4		
OHS LSK/LV	Hubschrauberausbildungsgeschwader	35	HAG-35	Brandenburg	Lambert Horn	35	Mil Mi-8T	6		93+30 bis 93+35
OHS LSK/LV	Hubschrauberausbildungsgeschwader	35	HAG-35	Brandenburg	Lambert Horn		Mil Mi-8PS	11	18	93+36 bis 93+46
OHS LSK/LV	Hubschrauberausbildungsgeschwader	35	HAG-35	Brandenburg	Lambert Horn		Mil Mi-2	18	41	94+50 bis 94+66; 94+70 bis 94+73
LaSK	HS der Führung und Aufklärung	3	HSFA-3	Militärbezirk Nord			Mil Mi-2	4		94+80 bis 94+83
LaSK	HS der Führung und Aufklärung	3	HSFA-3	Militärbezirk Nord			Mil Mi-8PS	1		93+60
LaSK	HS der Führung und Aufklärung	5	HSFA-5	Militärbezirk Süd			Mil Mi-2	4		
LaSK	HS der Führung und Aufklärung	5	HSFA-5	Militärbezirk Süd			Mil Mi-8PS	1		93+80
Grenztruppen	Hubschrauberstaffel	16	HS-16	Salzwedel + div. St.	Albert Kuntz		Mil Mi-8T	3		94+17 bis 94+19 vorgesehen f. BMI/BGS
Grenztruppen	Hubschrauberstaffel	16	HS-16	Salzwedel + div. St.	Albert Kuntz		Mil Mi-8PS	2		93+21 u. 93+22 geplant für ZPol
Grenztruppen	Hubschrauberstaffel	16	HS-16	Salzwedel + div. St.	Albert Kuntz		Mil Mi-2	15		zunächst gingen 14 von ehemals 21 Maschinen
Volkspolizei	Volkspolizei		VP	Berlin-Diepensee			Mil Mi-2	6		zur VP, sechs Maschinen wurden davon später
				diverse Standorte siehe oben		36				für ZPol übern.

NVA - LSK/LV - Flugzeuge Gesamtstückzahl: 732

© db-flight@gmx.de

davon wurden 669 mit Bw/Lw-Kennungen versehen oder vorgemerkt

✈ Chronik

Oktober 1956 - Sowjetische Fluglehrer schulen erstes NVA-Personal auf dem Strahljagdflugzeug MiG-15bis.

31.12.1956 - Die KVP wird „offiziell" aufgelöst.

1955/56 - In dieser Zeit beginnt der Aufbau einer eigenen Flugzeugindustrie der DDR mit den Zentren in Dresden, Schkeuditz, Pirna, Lommatzsch und Karl-Marx-Stadt. Zunächst erfolgt neben Entwicklung und Bau von Segelflugzeugen der Nachbau der Iljuschin IL-14P. Parallel dazu verlaufen die Entwicklung und Bau des ersten deutschen TL-Verkehrsflugzeugs 152 unter Brunolf Baade.

16.02.1957 - 10 000 Mitglieder der GST, darunter 1 530 Flugsportler, sollen sich freiwillig für den Dienst in der NVA gemeldet haben, erklärt der Vorsitzende des Zentralvorstandes (ZV) Richard Staimer.

13.03.1957 - Gerhard Fries ist der erste DDR-Kommandant in einer Lufthansa-Maschine. Der Flug seiner IL-14 geht nach Moskau.

01.05.1957 - Das Kommando Luftstreitkräfte/Luftverteidigung (LSK/LV) wird gebildet und übernimmt schrittweise den Schutz des Luftraums der DDR.

01.05.1957 - Während der Maidemonstration überfliegen MiG-15 in Kettenformation Dresden. Diese erste öffentliche Präsentation der NVA-Luftstreitkräfte führt Oberstleutnant Reinhold - später Chef der LSK/LV.

16.06.1957 - Der Inlandluftverkehr wird in der DDR aufgenommen.

Ende 1957 - In der DDR verfügt die Deutsche Lufthansa über zwölf IL-14 und eine Aero 45.

08.09.1958 - Gründung einer zweiten Fluggesellschaft in der DDR. Sie erhält den Namen Interflug und soll vorwiegend Flüge in das westliche Ausland durchführen.

04.03.1959 - Der erste Prototyp des ersten deutschen TL-Verkehrsflugzeugs 152 stürzt ab.

Ab Oktober 1959 - Einführung des Hammer-Zirkel-Ährenkranz-Emblems in die DDR-Flagge und des schwarz/rot/gold-Rhombus. Wegfall der Buchstaben 'DDR' unter der Flagge an den Flugzeugen.

03.04.1960 - Die erste IL-18, DM-STA, geht in den Liniendienst nach Moskau.

14.09.1961 - Zwei bundesdeutsche F-84 mit den Piloten Eberle und Pfefferkorn fliegen widerrechtlich auf der internationalen Luftfahrttrasse nach West-Berlin.

20.10.1961 - Der Stab der 3. Jagdfliegerdivision wird nach Trollenhagen bei Neubrandenburg verlegt.

1961 - Die Flugzeugindustrie der DDR wird eingestellt.

1958 bis 1965 - Laufend kommt es zu „Luftzwischenfällen" durch Grenzverletzungen oder Abweichen von den Luftkorridoren. Den Waffeneinsatz oder das Zwingen zur Landung übernehmen in der Regel sowjetische Jagdfliegerkräfte, die auf dem Boden der DDR stationiert sind.

13.08.1961 - Bau der Berliner Mauer

Ab Dezember 1961 - Aus den Flieger- und Flakdivisionen der LSK/LV werden Luftverteidigungsdivisionen.

24.01.1962 - Die DDR-Volkskammer beschließt das Wehrpflichtgesetz.

01.05.1962 - Auf der Mai-Parade der NVA werden zum ersten Mal Luftabwehrraketen (SAM-2 Guideline) gezeigt.

20.06.1962 - Erster Start einer MiG-21F-13 der NVA beim JG-8 Marxwalde. Bis zum Ende der NVA ist dieser Typ und seine Weiterentwicklungen das „Arbeitspferd" der LSK/LV.

18.08.1962 - Es kommt zur ersten „Feindberührung" durch eine Sea Hawk der Bundesmarine. Die Maschine kam von einer SATS-Katapultstarterprobung per Schiff aus den USA nach Gibraltar. Auf der Strecke Bordeaux - Jagel verfliegt sie sich in den Raum Eisenach-Mühlhausen. Im DDR-Luftraum wird sie von MiG-21 (?) der sowjetischen Jagdfliegerkräfte beschossen. Sie kann mit Beschuss-Schäden und ohne ihr Fahrwerk auszufahren im westdeutschen Ahlhorn notlanden. Der Pilot, Kapitänleutnant Knut Winkler, bleibt unverletzt.

31.08.1963 - Die Deutsche Lufthansa der DDR wird im Zusammenhang mit Streitigkeiten und einem Warenzeichenprozess vor dem Höheren Wirtschaftsgericht der Volksrepublik Serbien aufgelöst und liquidiert. Das ZK der SED hatte dies bereits am 06.07.1963 beschlossen.

16.07.1963 - Die Interflug wird einzige „Staats"-Fluggesellschaft der DDR. Sie übernimmt Verwaltung und Betrieb der Flughäfen, die Flugsicherung sowie alle Rechte und Pflichten der Lufthansa.

17.08.1964 - Erster Flug eines NVA-Piloten mit der neueingeführten MiG-21PFM im JG-8 in Marxwalde.

Bis 1965 - Einige von teils schweren Luftzwischenfällen enden mit dem Abschuss durch sowjetische Jagdfliegerkräfte (T-39 Sabreliner: 28.01.64, RB-66C: 10.03.64).

07.04.1965 - Dutzende Staffeln von sowjetischen Kampfflugzeugen donnern mit Schallgeschwindigkeit im Tiefflug über den Berliner Reichstag und die Kongresshalle. Dort soll ab 15 Uhr eine Sitzung des Bundestages stattfinden. Andere stören den Flugverkehr der Berliner Flughäfen und überfliegen die Hauptquartiere der Alliierten. An dieser Aktion des Kalten Krieges sind fünf MiG-21 der NVA mit den Piloten Wolf, Brucke, Fischer, Gareis und Weinhold beteiligt.

16.10. bis 22.10.1965 - An verschiedenen Großmanövern der Warschauer Pakt-Staaten nehmen immer auch Verbände der LSK/LV teil. Beim „Oktobersturm" üben einige Suchoj Su-7BMK des polnischen 5. Jagdbomber-Regimentes „Pomorski" im Raum Erfurt den Abwurf von taktischen Kernbomben des Typs RU-57. Zur Reichweitenerhöhung sind sie mit drei Kraftstoff-Zusatzbehältern ausgerüstet.